當代中國經濟

武力、榮文麗 著

從十八世紀的「泥足巨人」「東方睡獅」到二十一世紀的「騰飛的巨龍」，中國走過了漫長的經濟發展之路。特別是改革開放以來，中國經濟獲得了三十多年的飛速發展（年均經濟增長率接近百分之十）。中國經濟取得了令人矚目的成就，主要工農業產品產量居世界第一位，成為了第一大外貿出口國和第一大外匯儲備國；中國的國際地位和影響力顯著提升，成為了世界第二大經濟體，並逐漸成為拉動世界經濟增長的重要動力。歷史的車輪就是如此勢不可擋，當人們還在探索「李約瑟之謎」及「韋伯疑問」時，中國經濟三十五年的高速增長已漸引起人們的廣泛關注與思考。

中國作為世界的一部分，中國經濟發展的成功和經驗是人類文明發展中的組成部分。在人類探討和認識整個社會發展規律的歷程中，中國經濟三十五年的高速增長也成為了人類進一步認識社會經濟發展的一個「謎」；解讀中國經濟，不僅可以更好地理解這個擁有五千年歷史的悠久大國，也是人類探索整個社會發展的財富。

道路關乎國家前途、民族命運、人民幸福，在中國這樣一個經濟文化十分落後的國家探索民族復興道路，是極為艱巨的任務。每個國家和民族的歷史傳統、文化積澱、基本國情不同，其發展道路必然有著自己的特

色。而中國探索經濟發展道路的成功經驗之一就是：中國經濟發展道路的選擇能夠結合國際政治經濟發展環境變化，從自己的國情出發，堅持走自己的路。中國發展道路的選擇是歷史的選擇，是選擇的歷史。正如二〇一三年三月分習近平在莫斯科國際關係學院演講時提到的：「一個國家的發展道路合不合適，只有這個國家的人民才最有發言權；鞋子合不合腳，自己穿了才知道。」

　　科學的認識與邏輯根植於歷史發展的總趨勢和總脈絡之中，中國經濟發展之謎的答案同樣地根植於中國經濟六十餘年的發展歷程中，特別是改革開放以來中國經濟發展的歷程中。本書就以中國六十餘年發展歷程為切入點，側重於新世紀以來中國經濟發展變化，展示中國經濟取得的成就，探討中國經濟發展道路。

▲ 在經濟持續高速發展的同時，中國追求可持續性發展。

目錄

前言

第一章
中國經濟發展的自然條件與經濟制度

了解中國經濟，首先需要了解中國經濟發展的自然條件與基本經濟制度。自然條件為中國經濟發展提供了條件和基礎，也制約著中國經濟的發展。中國是一個地域遼闊、人口眾多、人均資源匱乏的發展中大國，這是中國經濟發展的基礎和出發點。中國的經濟體制與制度是中國從自己的國情出發，通過繼承古代文化，吸收實踐中的探索成果，借鑑國外的先進制度經驗，形成的一套獨具特色的中國經濟發展體制與制度。這給中國經濟發展指明了方向，為中國經濟實現快速發展提供了制度保障。獨特的文化傳統，獨特的歷史命運，獨特的基本國情，注定了中國必然要走適合自己特點的發展道路。

▌中國經濟發展的基礎和自然條件

與生產過程直接相關的經濟資源，通常稱為生產要素。經濟學家習慣把生產要素按照三部分來分類，自然資源、勞動力和資本。因此，一個國

▲ 內蒙古領土廣袤，自然資源豐富，但發展不平衡。近年來。由於礦業行業的發展，內蒙古經濟得到了很大的發展。

家的地理條件、自然資源稟賦和人口情況對於經濟發展有很大影響。中國地域遼闊，資源豐富，但人口眾多，人均資源匱乏，且資源分布不均。改革開放以來，中國經濟發展雖然取得了舉世矚目的成就，社會各項事業也有了很大進步，然而，中國的社會主義初級階段的國情沒有變，中國經濟社會發展不平衡仍然是最大的一個國情。

地理條件

中國位於亞洲大陸的東部、太平洋西岸，其版圖的外形就像一隻頭朝東尾朝西、引吭高歌的雄雞。陸地面積約九百六十萬平方公里，僅次於俄羅斯和加拿大，是世界上第三大國。從南到北，從東到西，距離都在五千公里以上。乘飛機從中國東北的哈爾濱到南方的海口，大約要六個多小時；從東北的長春到西部的烏魯木齊，大約要七個小時。

中國陸地邊界長達二點二八萬公里，東鄰朝鮮，北鄰蒙古，東北鄰俄羅斯，西北鄰哈薩克斯坦、吉爾吉斯斯坦、塔吉克斯坦，西和西南與阿富汗、巴基斯坦、印度、尼泊爾、不丹等國家接壤，南與緬甸、老撾、越南相連。東部和東南部同韓國、日本、菲律賓、汶萊、馬來西亞、印度尼西亞隔海相望。

中國海域面積四百七十三萬平方公里，大陸海岸線長一點八萬公里。中國大陸的東部與南部瀕臨渤海、黃海、東海和南海。渤海為中國的內海，黃海、東海和南海是太平洋的邊緣海。

中國是個多山的國家，山區（山地、丘陵和高原）面積約佔全國總面積的三分之二，盆地和平原只佔三分之一。中國地勢西高東低，大致呈階梯狀分布。最高一級階梯為青藏高原，平均海拔四千米以上，號稱「世界

二〇一三年十月，青海省海北藏族自治州雪後美景

屋脊」。第二級階梯從青藏高原向北、向東，由內蒙古高原、黃土高原、雲貴高原和塔里木盆地、準噶爾盆地、四川盆地構成，平均海拔一千至二千米。第三級階梯從大興安嶺、太行山脈、巫山和雪峰山向東到海岸線，多是海拔二百米以下的平原，間有海拔一千米以下的丘陵或低山。第四級階梯為大陸架淺海區，水深平均不到二百米。

中國境內河流眾多，流域面積在一千平方公里以上者多達一千五百餘條。長江是中國第一大河，全長六千三百公里，僅次於非洲的尼羅河和南美洲的亞馬遜河，為世界第三大河。黃河是中國第二大河，全長五千四百六十四公里。長江流域和黃河流域都是中華文明的發源地。中國的大部分地區位於北溫帶，氣候溫和，四季分明，適宜人類居住與生存。

人口現狀

中國是世界上人口最多的國家。2010 年第六次全國人口普查表明，全國總人口約為 13 億 7053 萬，其中，大陸 31 個省、自治區、直轄市和現役軍人的人口共 13 億 3972 萬人，香港特別行政區人口約為 709 萬人，澳門特別行政區約為 55 萬人，台灣地區約為 2316 萬人。大陸 31 個省、自治區、直轄市和現役軍人的人口，同 2000 年的第五次全國人口普查相比，十年共增加 7390 萬人，增長 5.84%，年平均增長率為 0.57%。漢族人口為 12 億 2593 萬人，占 91.51%，增長 5.74；各少數民族人口為 1 億 1379 萬人，占 8.49%，增長 6.92%。居住在城鎮的人口為 6 億 6557 萬人，占 49.68%，比重上升 13.46 個百分點；居住在鄉村的人口為 6 億 7415 萬人，占 50.32%。

大陸 31 個省、自治區、直轄市和現役軍人的人口中，具有大學（指

大專以上）文化程度的人口為 1 億 1963 萬人；具有高中（含中專）文化程度的人口為 1 億 8798 萬人；具有初中文化程度的人口為 5 億 1965 萬人；具有小學文化程度的人口為 3 億 5876 萬人（以上各種受教育程度的人包括各類學校的畢業生、肄業生和在校生）。同 2000 年第五次全國人口普查相比，每 10 萬人中具有大學文化程度的由 3611 人上升為 8930 人；具有高中文化程度的由 11146 人上升為 14032 人；具有初中文化程度的由 33961 人上升為 38788 人；具有小學文化程度的由 35701 人下降為

▲ 2011 年中國人口占世界人口比重由 22% 下降至 19%，與改革開放初期相比，中國的人口平均預期壽命從 68 歲提高到 73.5 歲，達到中等發達國家水平。

表1-1　2012年中國人口構成

全國總人口	按性別分		按城鄉分		按年齡分		
13550萬人	女性	男性	鄉村	城鎮	14歲以下	15-59歲	60歲以上
	48.7%	51.3%	47.4%	52.6%	16.5%	69.2%	14.3%

資料來源：中國國家統計局《中華人民共和國2012年國民經濟和社會發展統計公報》

26779 人。

　　隨著生活水平的提高和公共衛生事業的進步，中國人口總體健康狀況有了極大改善。嬰兒死亡率持續下降，人均預期壽命顯著提高。根據2010 年第六次全國人口普查詳細匯總資料計算，人口平均預期壽命達到74.83 歲，比 2000 年的 71.40 歲提高 3.43 歲。2010 年嬰兒死亡率為13.93 ，比 2000 年的 28.38 下降 14.45 個千分點，平均每年下降 1.45 個千分點。

　　流動人口增加。大陸 31 個省、自治區、直轄市的人口中，居住地與戶口登記地所在的鄉鎮街道不一致且離開戶口登記地半年以上的人口為 2億 6138 萬人，其中市轄區內人戶分離的人口為 3996 萬人，不包括市轄區內人戶分離的人口為 2 億 2142 萬人。同 2000 年第五次全國人口普查相比，居住地與戶口登記地所在的鄉鎮街道不一致且離開戶口登記地半年以上的人口增加 1 億 1699 萬人，增長 81.03%。中國人口密度高且分布頗不均衡。每平方公里的平均人口密度為 142 人，東部沿海地區人口密集，每平方公里超過 400 人；中部地區每平方公里 200 多人；西部高原地區人口稀少，每平方公里不足 10 人。

自然資源

中國國土面積九百六十萬平方公里，海域面積四百七十三萬平方公里。國土面積居世界第三位，但按人均占土地資源論，在面積位居世界前十二位的國家中，中國居第十一位。中國地形、氣候十分複雜，土地類型複雜多樣，為農、林、牧、副、漁多種經營和全面發展提供了有利條件。

▲ 二〇一四年五月，受去年「暖冬」和今年「暖春」氣候影響，中俄界江——黑龍江黑河段出現大面積河床乾涸顯露江底現象。

但也要看到，有些土地類型難以開發利用。例如，中國沙質荒漠、戈壁合占國土總面積的百分之十二以上，改造、利用的難度很大。而對中國農業生產至關重要的耕地，所占的比重僅百分之十略多。

中國水能資源蘊藏量達六點八億千瓦，居世界第一位。但水資源的分布情況是南多北少，而耕地的分布卻是南少北多。比如，中國小麥、棉花的集中產區——華北平原，耕地面積約占全國的百分之四十，而水資源只占全國的百分之六左右。水、土資源配合欠佳的狀況，進一步加劇了中國北方地區缺水的程度。

中國礦產資源豐富，礦產一百七十一種，已探明儲量的有一百五十七種，但地區分布不均勻，如鐵主要分布於遼寧、冀東和川西，西北很少；煤主要分布在華北、西北、東北和西南區，其中山西、內蒙古、新疆等省區最集中，而東南沿海各省則很少。

經濟社會發展不平衡

中國地區差異大、人口多、底子薄、經濟發展不平衡，是經濟和社會發展面臨的長期基本國情。新中國成立時，國家安全和迅速改變貧窮落後面貌是黨和人民的迫切要求，「急於求成」「大幹快上」幾乎是各個地區、各個產業、各個階層的渴望。如何處理這個矛盾，實現全面、協調、快速發展，始終是中國共產黨面臨的最重大問題。如何解決資金和資源短缺、大量人口從農業向二、三產業轉移，是中國工業化所遇到的最大難題；同樣，如何解決中國工業水平落後、能耗高、投入產出比低的效益問題，也是中國共產黨和政府長期關注和要解決的基本問題之一。二十世紀五〇到六〇年代的幾次重大經濟體制變革，都是與解決上述問題密切相關的。

改革開放後中國經濟得到平穩較快發展，綜合國力大幅提升，中國經濟總量在世界經濟中的排名不斷攀升，1970 年為第八名，到 2010 年成為第二名。但發展中不平衡、不協調、不可持續問題依然突出。

　　以勞動者報酬率的變化為例，1978—1995 年間，一直在 49%—55% 之間波動，但是 1995 年之後則持續下降，從 1995 年的 51.44%下降到

▲ 昔日貧窮落後的江蘇省江陰市華西村，在改革開放之後，發展成為全國農村走共同富裕道路的典型。

▲ 二〇一三年前三季度中國農村居民收入增速快於城鎮，扣除價格因素，城鎮居民人均可支配收入實際增長百分之六點八，農村居民人均現金收入實際增長百分之九點六。

2007 年的 39.68%。據有關專家研究，勞動者報酬率下降 1%對居民消費的消極影響，1978 年為 GDP 的 0.72%，1995 年為 GDP 的 0.64%，2007年為 GDP 的 0.65%。勞動者報酬率的持續下降是阻礙居民擴大消費的主要因素之一。

再以科研和教育投入來看，與經濟發展的速度也是不相稱的。中共中央在 1995 年就提出了科教興國戰略，但是「十五」計劃和「十一五」規劃時期，研發經費占 GDP 的比重均沒有達到目標，「十五」計劃目標為

表1-2　1978-2012年城鄉居民收入差距的變化

年份	農村居民家庭人均純收入（元）	城鎮居民家庭人均可支配收入（元）	城鄉居民人均收入差額（元）	城鄉居民人均收入比例（倍）
1978	133.6	343.4	209.8	2.57
1980	191.3	477.6	286.3	2.50
1985	397.6	739.1	341.5	1.86
1990	686.3	1510.2	823.9	2.20
1995	1577.7	4283.0	2705.3	2.71
2000	2253.4	6280.0	4026.6	2.79
2003	2622.2	8472.2	5850	3.23
2007	4140.4	13785.8	9645.4	3.33
2008	4761	15781	11020	3.31
2010	5919	19109	13190	3.23
2012	7917	24565	16648	3.1

資料來源：中國國家統計局《中國統計摘要》和《中華人民共和國2012年國民經濟和社會發展統計公報》

二〇一二年十七省分公布居民收入，上海人均超四萬元居首。

1.5%（實際只達到 1.3%），「十一五」規劃目標為 2%（實際只達到 1.8%），均低於世界平均水平（2007 年世界平均水平為 2.2%，多數國家平均水平是 2.45%，其中美國是 2.67%，日本是 3.44%）。

就城鄉之間的居民收入來說，經歷 20 世紀 80 年代短暫的差距縮小，90 年代到 2008 年以前，呈現出不斷擴大的趨勢。城鄉之間的居民收入差距 2007 年達到峰值，此後有所下降。

就區域之間的發展差異來說，東、中、西部的區位條件、原有基礎以及政策傾斜等條件的差異，使得改革開放以來東、中、西部地區之間的差距呈現出不斷擴大的趨勢。從 1980 年到 2002 年，東部地區 GDP 名義年均增長速度與中、西部地區相比，分別高出 1.6 個和 1.7 個百分點，其中，1980—1990 年，東部地區 GDP 名義年均增長速度只比中、西部地區分別高 0.93 個和 0.5 個百分點；90 年代以後，隨著東部市場化程度的不斷提高，非公有制經濟的迅速發展，特別是對外開放領域的不斷擴大，東部發展動力明顯強於中、西部，GDP 名義年均增長速度比中、西部分別高 2.2 個和 2.8 個百分點。

1978 年，中國東部地區與中、西部地區之間人均 GDP 的絕對差距分別為 153.6 元和 212.9 元，到 1990 年分別擴大到 700.1 元和 885.8 元，1998 年又分別擴大到 4270 元和 5490.9 元（以上均當年價格）。再從相對差距來看，在 1983—1998 年間，中國東部與西部地區人均 GDP 的相對差距係數則由 44.4%迅速增加到 57.7%，西部地區的人均 GDP 水平已不到東部地區的一半。這種地區之間的不均衡發展，不僅限制了擴大內需，而且不利於西部地區的社會穩定，西部大開發、中部崛起、振興東北工業基地等加強區域協調發展戰略正是在這個背景下提出的。

就社會各階層之間的差距來說，收入分配在不同群體和階層之間存在著較大差異，呈現出中低收入群體的收入比重下降，高收入群體的比重上升，收入向高收入群體集中的現象。據世界銀行估計，1982 年中國全國居民收入基尼係數為 0.28，1990 年上升為 0.35，2001 年為 0.45。據中國社會科學院經濟研究所收入分配課題組研究，全國居民收入基尼係數差距由 1988 年的 0.382 上升到 2002 年的 0.454。2012 年 1 月，中國國家統計

▲ 二○一二年九月，北京市西直門附近，一個孩子在一處待拆遷的棚戶區附近玩耍。

局首次公布 2003 至 2012 年基尼係數，2008 年中國基尼係數曾達到 0.491，此後逐步回落，2012 年基尼係數為 0.474。收入差距的持續擴大，會對社會安定產生不利影響，同時也嚴重制約了城鄉市場開拓和消費需求擴大。

目前，中國經濟發展存在著如下一些問題：科技創新能力不強，產業結構不合理；農業基礎依然薄弱，資源環境約束加劇，制約科學發展的體制機制障礙較多，深化改革開放和轉變經濟發展方式任務艱巨；城鄉區域發展差距和居民收入分配差距依然較大；社會矛盾明顯增多，教育、就業、社會保障、醫療、住房、生態環境、食品藥品安全、安全生產、社會治安、執法司法等關係群眾切身利益的問題較多，部分群眾生活比較困難。中國要繼續保持經濟的持續、穩定、健康發展，必須保持清醒頭腦，增強憂患意識，深入分析問題背後的原因，採取有效舉措加以解決。

中國的基本經濟制度和政策

　　改革開放以來，中國對高度集中的計劃經濟體制和單一的所有制結構進行改革，形成公有制為主體、多種所有制經濟共同發展的基本經濟制度；建立和完善社會主義市場經濟體制，形成按勞分配為主體、多種分配方式並存的分配制度；形成在國家宏觀調控下市場對資源配置發揮基礎性作用的經濟管理制度。在不斷深化經濟體制改革的同時，不斷深化政治體制、文化體制、社會體制以及其他各方面體制改革，不斷形成和發展符合當代中國國情、充滿生機活力的新的體制機制，為中國經濟繁榮發展、社會和諧穩定提供了有力的制度保障。

中國特色的社會主義市場經濟體制

　　建立社會主義市場經濟體制是中國經濟體制的發展方向，也是實現中國工業化、城市化和現代化的最根本途徑，它使得中國目前的社會主義經濟具有鮮明的中國特色，已經完全不同於一九七八年以前世界各社會主義國家實行的以單一公有制和計劃經濟為特徵的社會主義經濟。

　　一九四九年新中國成立後，中國在當時的國際國內情境下，在經濟體制方面逐步建立了高度集中的計劃經濟體制。這種計劃經濟體制的效率是隨著經濟結構和規模的大小而變化的。在信息成本較小、消費需求和商品供給結構比較單一的條件下，通過計劃配置資源有一定的合理性。然而，隨著經濟體的不斷壯大，消費需求結構日益複雜，產品結構日益多樣的情況下，計劃經濟模式的弊端就會凸顯出來。

中國計劃經濟體制的弊端主要體現在：（一）所有制的形式日趨單一化，即公有制一統天下，排斥其他的所有制；而在公有制經濟中，國有經濟又處於統治地位。（二）在公有制經濟的經營管理方面，無論是國有經濟還是集體經濟，經營決策權都集中在各級政府手中，企業成為各級政府機構的附屬物，失去了獨立性，只不過是政府這個大企業中的一個車間而已。政府管理經濟的手段主要是行政方法，即通過行政命令和實物調撥來配置資源。（三）市場配置資源的功能非常弱，甚至基本上沒有發揮作用。（四）在收入分配上實行高度集中的計劃管理，不僅國有企業吃國家的「大鍋飯」，職工吃企業的「大鍋飯」；而且在集體經濟內部也是實行平均主義的分配方式，成員「幹多幹少一個樣，幹好幹壞一個樣」，因此企業和個人在生產經營中缺乏積極性。

改革開放之前三十年的實踐證明，這種單一公有制和計劃經濟體制越來越不能適應經濟發展的需要，甚至成為經濟發展的障礙。於是，中國共產黨和政府開始逐步探索經濟體制改革的目標和模式，由於沒有現成的經驗和模式可以採用，就採取了「摸著石頭過河」的辦法去探索，這一探索過程則伴隨著對計劃和市場關係的看法的逐漸改變。

在改革的開始階段（1978—1984 年），中國在政府對國民經濟的管理方面，也不完全是過去的計劃經濟了，而是注意發揮市場調節的作用，即實行有計劃的商品經濟。但這個時候，人們的思想還不夠解放，計劃經濟的總體框架還不敢突破，市場調節只能起輔助作用，即當時所說的「計劃管理為主，市場調節為輔」。

市場機制一旦引入，不可避免地要與原來的計劃管理體制發生一定的矛盾和衝突。一九八四年十月，中共十二屆三中全會作出了《中共中央關

▲ 計劃經濟時代的產物，中華人民共和國商業部軍用供給糧票。

於經濟體制改革的決定》，明確社會主義經濟是有計劃的商品經濟，對二十世紀八〇年代初開始關於社會主義經濟是不是商品經濟的討論作了科學總結，從而向確立社會主義市場經濟論邁出了決定性的步伐。

一九八七年中國共產黨十三大對社會主義經濟的認識進一步深化，改革的目標被確定為「國家調控市場，市場引導企業」，市場機制實際上被認為應該發揮基礎性的調節作用。

一九九二年春，鄧小平在南方談話中，進一步闡述了他對計劃和市場問題的看法，說：「計劃多一點還是市場多一點，不是社會主義和資本主義的本質區別。計劃經濟不等於社會主義，資本主義也有計劃；市場經濟不等於資本主義，社會主義也有市場。計劃和市場都是經濟手段。」同年九月，中共十四大報告把中國經濟體制改革的目標確定為社會主義市場經濟體制，使市場在資源配置中發揮基礎性作用。這標誌著對經濟改革理論的認識達到一個嶄新的階段。一九九三年，中共十四屆三中全會《關於建立社會主義市場經濟體制若干問題的決定》，確定了社會主義市場經濟體制的基本框架。建立社會主義市場經濟體制需要有三個支柱支撐：（一）

建立多種經濟成分並存的市場主體和以「股份制」為核心的現代企業制度；（二）形成以市場決定價格的微觀經濟運行機制，市場機制在資源配置中發揮基礎性作用；（三）確立以財政和金融為主要槓桿的宏觀調控手段。在這種經濟體制下，市場配置資源的作用不僅被重新強調，而且居於基礎性的地位。與計劃經濟體制相比，上述三個變化是帶有根本性的制度變革。

▲ 二〇一四年五月六日，第 2 屆中國新型城鎮化峰會在國家行政學院舉行。會上發布了《中國新型城鎮化健康發展報告》藍皮書。

社會主義市場經濟體制是與中國的基本國情、獨特的歷史路徑以及目前所處的發展階段結合在一起的，是與中國人民的社會主義制度訴求結合在一起的。因此，除了市場經濟的基本屬性外，還有不同於世界其他國家市場經濟的一些特徵：

第一，公有制的主體地位。從所有制結構上看，中國的社會主義市場經濟是在以公有制為主體、包括私人經濟在內的多種經濟成分共同發展的條件下運行的市場經濟。這與以生產資料私有制為基礎的市場經濟不同。的確，隨著市場化改革的推進，公有制的內涵逐漸發生著變化。比如，一九九七年，中共十五大把公有制經濟的範疇擴展到國有股占據主導的股份制企業。但即便如此，也與西方資本主義國家不同。既要堅持以公有制為主體，又要實行市場經濟，這是一個前無古人的偉大創舉。

第二，中國共產黨領導下的多黨協商的政治體制，是社會主義市場經濟運行的政治基礎。在中國這樣一個大國，工業化、現代化的建設，國家的統一，領土的完整，人民的團結，社會的和諧，民主的發展，都需要一個強有力的政黨的領導。沒有一個具有現代化意識、執政能力強和代表最廣大人民利益的政黨，難以完成工業化、現代化重任，也不能有效保證國家的統一。改革開放以來的實踐證明，中國共產黨不僅有能力讓中國人民站起來，也有能力讓中國人民富起來。社會主義市場經濟體制是實現中華民族偉大復興的必由之路，是一項艱難的開創性事業，必須有政府的強有力的宏觀調控，才能為市場經濟創造一個穩定、安全、有序、公正的社會經濟環境。

第三，實現社會的公平正義、實現全體人民共同富裕是中國社會主義市場經濟體制的目標訴求。公平正義，是人類追求美好社會的一個永恆主

題，是社會發展進步的一種價值取向。在中國古代，孔子就提出：「有國有家者，不患寡而患不均，不患貧而患不安。蓋均無貧，和無寡，安無傾。」實現社會公平正義，是中國特色社會主義的重大任務和本質要求。實現全體人民共同富裕也是如此。實行市場經濟，雖然允許合理的收入差距，鼓勵一部分人先富起來，但也是先富帶動後富，最終達到共同富裕。

公有制為主體的混合所有制結構

所有制結構是指各種不同的生產資料所有制形式在一定的社會經濟形態中所處的地位和所占的比重，以及它們之間的相互關係。居於支配和主導地位的所有制性質決定著該社會所有制結構的性質。中國所有制結構經歷了一個劇烈的變遷過程。

一九四九年後，中國進入新民主主義經濟社會，存在五種經濟成分：社會主義性質的國營經濟、半社會主義性質的合作社經濟、農民和手工業的個體經濟、私人資本主義經濟和國家資本主義經濟。一九五三到一九五六年，中國政府完成了對個體農業、個體手工業和資本主義工商業的社會主義改造。經過「三大改造」，中國基本消滅了私有制，實現了公有制，使中國從新民主主義社會跨入了社會主義社會。個體農業和手工業被改造成社會主義集體經濟，私人資本主義經濟則被改造成社會主義國營經濟。

傳統社會主義理論認為，消滅了私有制就等同於進入社會主義。因此，受蘇聯模式和優先發展重工業趕超戰略等因素的影響，中國單純追求所有制形式的「先進性」，並將非公有制經濟視為「資本主義的尾巴」進行排斥和限制打擊，片面地將單一公有制作為基本經濟制度。

一九七八年改革開放之前，中國公有制經濟基本上一統天下，僅有個

體經營十四萬戶，從業人員十五萬人，私營經濟和外資幾乎消失殆盡。然而實踐證明，這種所有制形式脫離了中國生產力總體水平較低、生產社會化程度不高和具有多層次性和不平衡性的現實，束縛了生產力的發展。

改革開放以來，人們逐漸認識到，中國需要多種所有制經濟並存和發

▲ 二〇〇六年五月二十三日，中國首屆民營經濟科學發展論壇暨長三角（浙江）民營經濟研究會成立大會在浙江省人民大會堂隆重舉行。

展，以便調動各方面力量，走出貧困、落後的狀態。實際上，同一種所有制在生產力發展的不同的階段，也可以採取不同的實現形式。公有制實現形式可以而且應當多樣化，不僅包括國家所有制、集體所有制、合作制、股份合作制，還應該包括多種形式的混合所有制經濟中的公有制成分，一切反映社會化生產規律的經營方式和組織形式都應該大膽利用。

二十世紀八〇年代初，從解決城市就業和農村富餘勞動力出路的角度，中國鼓勵發展個體經濟，還沒有上升到社會主義基本經濟制度層面去考慮非公有制經濟問題，只是「將一定範圍內的勞動者個體經濟看作是公

◀ 浙江義烏一九八二的第一代小商品市場。

有制經濟的必要補充」。隨著改革開放實踐的發展，非公有制經濟在促進國民經濟增長、擴大社會就業、活躍市場和方便群眾生活等方面的作用日益突出，相應地，中國政府也開始肯定非公有制經濟在現有生產力水平下存在發展的必要性。一九八二年，中共十二大指出：「鼓勵勞動者個體經濟在國家規定的範圍內和工商行政管理下適當發展，作為公有制經濟的必要的、有益的補充。」

隨著對中國國情及發展階段認識的深入，人們認識到，社會主義市場經濟體制是同社會主義基本制度結合在一起的。建立社會主義市場經濟體制，就是要使市場在國家宏觀調控下對資源配置起基礎性作用。為實現這個目標，必須堅持以公有制為主體、多種經濟成分共同發展的方針。

從社會主義初級階段的實際出發，一九九七年中共十五大提出：非公有經濟是社會主義市場經濟的重要組成部分。二〇〇二年，中共十六大報告總結了所有制改革的實踐經驗，提出了兩個「毫不動搖」：「必須毫不動搖地鞏固和發展公有制經濟，必須毫不動搖地鼓勵、支持和引導非公有制經濟發展」；指出「各種所有制經濟完全可以在市場部分中發揮各自優勢，相互促進，共同發展」，「不能把這兩者對立起來」，要把它們「統一於社會主義現代化建設的進程中」，即要使公有制和非公有制經濟發揮各自的所有制優勢，相互依存和補充；要使公有制和非公有制經濟相互競爭和推動，在競爭中使兩者互動、雙贏；要使公有制和非公有制經濟相互滲透和交融。二〇〇七年中共十七大報告進一步提出「堅持平等保護物權，形成各種所有制經濟平等競爭、相互促進新格局」，深化了社會主義基本經濟制度的內涵。

同時，對公有制實現形式的認識也逐漸深入。過去，中國將公有制主

▲ 二〇〇五年十二月十二日，安徽省亳州市首家股份合作制金融機構正式掛牌。

體地位主要理解為數量和結構優勢，尤其對其中的國有企業，認為其資產的絕對數量應當在社會總資產中占到簡單多數，並認為已經是公有制的集體經濟還需要加快過渡到全民所有制。一九九七年，中共十五大突破了這種不分地區、不分產業、不講質量的籠統的「公有制主體地位」認識，提出公有制的主體地位主要體現在：公有資產在社會總資產中占優勢；國有經濟控制國民經濟命脈，對經濟發展起主導作用。這是就全國而言，有的地方、有的產業可以有所差別。公有資產占優勢，要有量的優勢，更要注重質的提高。國有經濟起主導作用，主要體現在控制力上。只要國家控制經濟命脈，國有經濟的控制力和競爭力得到增強，國有經濟的比重減少一些，不會影響中國的社會主義性質。國有經濟的內涵隨著時代的變化也產生了變化。過去是國有國營，所有權經營權合二為一，現在是國有控股，

▲ 二〇一一年十一月，河南安陽，個體工商戶繳納管理費。

投資主體多元化，有大量的社會投資，特別是現在的國有上市公司，擁有大量的外部資本。二〇〇三年中共十六屆三中全會《關於完善社會主義市場經濟體制若干問題的決定》，又進一步提出股份制是公有制主要實現形式的論斷。二〇一三年十一月，中共十八屆三中全會通過的《中共中央關於全面深化改革若干重大問題的決定》進一步提出：國有資本、集體資本、非公有資本等交叉持股、相互融合的混合所有制經濟，是基本經濟制度的重要實現形式，有利於國有資本放大功能、保值增值、提高競爭力，有利於各種所有制資本取長補短、相互促進、共同發展；允許更多國有經濟和其他所有制經濟發展成為混合所有制經濟；國有資本投資項目允許非國有資本參股；允許混合所有制經濟實行企業員工持股，形成資本所有者和勞動者利益共同體。

中國還制定和完善了促進非公有制經濟發展的法律法規，完善了保護私人財產的法律制度。一九九九年，全國人大第三次修改憲法，明確了「在法律規定範圍內個體經濟、私營經濟，是社會主義市場經濟的重要組成部分」。二〇〇四年，全國人大第四次修改憲法，承認了合法私有財產的法律地位。二〇〇五年，國務院出台了《關於鼓勵支持和引導個體私營等非公有制經濟發展的若干意見》。二〇〇七年，《物權法》《企業所得稅法》《反壟斷法》《勞動合同法》等一系列與推進公有制經濟改革、促進非公有制經濟發展相關的法律相繼出台。

總之，基於社會主義初級階段的認識，中國最終確立了「公有制為主體、多種所有制經濟共同發展」的社會主義初級階段的基本經濟制度。在繼續發展公有制經濟的同時，允許和鼓勵、引導個體、私營等非公有制經濟的發展，積極扶持以個體經濟為主體的小微企業發展來擴大就業，從而調動了各方面的積極因素，大大解放了社會生產力，實現了經濟迅速起飛並創造出讓世人矚目的「中國奇蹟」。隨著實踐的發展，中國還會進一步深化對所有制結構問題的認識，豐富和發展社會主義市場經濟理論，並進而指導中國經濟發展的實踐。

政府與市場兩手並用

政府與市場的關係是每一個國家都需要處理的重要關係之一。在經濟學理論中，這個關係也占有絕對重要的地位。中國的市場經濟不同於西方發達國家，中國的政府和市場關係也不同於西方。中國既要發揮政府在經濟發展中的穩定器作用，也要發揮市場在資源配置中的基礎性作用。政府是市場體制中的政府，市場是政府監管下的市場。二者相輔相成，相得益

彰。中國這種攜手合作的政府與市場關係也是經濟持續快速發展的因素之一。

中國在計劃經濟時代初期，政府發揮的作用要大些。因為在那個時期，國家安全問題突出，國民經濟帶有戰時經濟的色彩，而且國民經濟的規模也較小，信息成本相對較低，整個社會的需求結構和供給結構也比較單一。另外，當時中國面對的外部環境充滿了不確定性，為了在世界舞台上立足，需要著力發展重工業和國防事業。為此，也需要一個強力的組織來進行資源配置，而最強有力的組織當然就是政府。事實證明，在新中國經濟建設的早期，通過政府進行資源配置也完成了其歷史使命，即在中國建立了獨立的工業體系，穩步屹立於世界民族之林。在國際環境持續封鎖的條件下，用農業積累資本和出口創匯獲得了工業化所需的資本。

隨著國民經濟規模的不斷發展壯大和消費結構和供給結構的日益複雜化，政府收集信息的成本越來越高，通過政府來進行資源配置的弊端也不斷凸顯。因此，從一九七八年改革開放以後，在微觀經濟運行方面，政府逐漸讓位於市場，讓市場機制在經濟發展中越來越發揮著基礎性的資源配置作用。這樣的制度變遷使得經濟發展取得了顯著成就。改革開放三十多年來，中國的工業、農業、第三產業、對外貿易以及 GDP 總量、人均 GDP 等指標都有了大幅度的躍升。到二○一○年，中國已經成為世界上僅次於美國的第二大經濟體。人民生活穩步提高，整個社會安定和諧。

西方的經濟發展史同樣證明政府和市場可以在不同的歷史條件下發揮各自不同的作用。中國作為一個產業結構和經濟體制雙重轉型的國家，政府和市場作用的良好配合是必不可少的。中國的制度變遷取向是社會主義市場經濟體制，市場作為配置資源的基礎性制度是不可置疑的。從市場經

▲ 二〇一〇年八月，安徽淮北市，市民在菜市場選購蔬菜。

濟的構成要件看，中國目前已經是一個市場經濟國家，擁有生產要素市場
和產品市場，絕大部分商品價格由市場供求關係決定，只有極個別的涉及
到國家安全或國計民生的重要商品價格由政府控制。但是，中國進一步市
場化的任務仍然存在，符合市場經濟的信用體系、法治體系以及經濟秩序
等還有待於進一步完善。

　　一個基本的事實是，政府在轉軌過程中起到了相當大的作用。首先，
中國的市場化改革不僅是由計劃經濟向市場經濟的轉軌過程，同時還是一
個工業化和城市化的過程。在這個過程中，經濟矛盾和社會矛盾錯綜複
雜，需要培育市場主體，需要改變人們的行為觀念，需要建立健全市場秩
序，這一切都需要政府起一定的引領和主導作用。其次，中國不僅是一個

地域遼闊、地理條件差異大的國家，而且各地幾千年來在民族、文化、生活方式、發展階段等許多方面也形成了較多差異。在這樣一個大國，沒有一個統一的強有力的政府來駕馭經濟航船也是不行的。香港、澳門順利回歸，實行「一國兩制」，這離不開強大的中央政府的力量；同樣，「西部大開發」「東北振興」和「中部崛起」等區域性的經濟發展戰略，也離不開中央政府與地方政府的配合。

中國的改革不僅僅是經濟體制改革，也包括政治體制改革。正如鄧小

▲ 二〇一三年十二月十二日，舟山，香港特別行政區駐上海經濟貿易辦事處舉辦的「香港與內地：同根同心—2013 香港巡迴展覽」開幕。

平所說，沒有政治體制改革作保證，經濟體制改革不可能成功。中國是有十三億人的大國，推進政治體制改革必須有領導、有步驟地進行。如果沒有一個穩健的領導者，如果沒有一定的步驟，勢必會導致一種混亂的「偽民主」。這種「民主」並不能保證中國人民的真正權益，也不利於中國經濟的可持續發展。

強調政府的作用，並不是否定或者低估市場。相反，市場的基礎性作用隨著市場化改革的不斷完善而不斷加強。在轉軌和維持經濟穩定增長過程中，中國政府不僅是對市場進行監督、調節，維護市場秩序的裁判員，還是市場經濟活動中的運動員，例如通過政府投資完成工業投資布局和基礎設施建設，並從而拉動經濟增長；還有就是涉及國家安全和天然壟斷性的經濟活動方面。隨著經濟規模的不斷增長和市場制度的不斷完善，政府運動員的身分逐漸弱化，各級政府的財政也正在從過去的「建設型財政」向「服務型財政」轉變，在微觀經濟運行中的角色也從運動員向裁判員轉變。當然，中國是一個以公有制為主體的國家，因此，政府還會以委託人的身分參與國有企業的管理。但隨著勞動力市場、房地產市場、金融市場、技術市場等生產要素市場的不斷規範，隨著全國統一有序的市場體系的建成，市場的作用會逐漸增大。

中國的市場化改革還沒有完成，中國還行進在轉軌的路上。政府和市場在這個歷史階段上需要彼此協調、共同發揮作用。二〇一二年末，中共十八大就提出，深化改革是加快轉變經濟發展方式的關鍵。經濟體制改革的核心問題是處理好政府和市場的關係，必須更加尊重市場規律，更好發揮政府作用。

堅持對外開放走向世界

　　經濟全球化和區域化是世界經濟發展的大趨勢，任何國家若要經濟發展，都不能離開這個趨勢。過去，中國曾在外部經濟封鎖的環境下求生存，如今，中國已經和世界緊緊聯繫在一起。對內改革與對外開放是推動中國經濟發展的兩個輪子，是並列的關係。沒有對外開放，就沒有今天的中國經濟發展面貌。

　　改革開放初期，對外貿易被看成是社會主義擴大再生產的補充手段，侷限於互通有無、調劑餘缺，並依然實行高度集中的指令性計劃管理，由國營外貿公司集中統一經營，對外貿易遠遠不能適應經濟發展的需要。

　　改革開放後，中國通過增設對外貿易口岸和下放外貿經營權，改變了高度集中的外貿經營管理體制；通過實行出口退稅等政策，有力地促進了出口；通過運用價格、匯率、利率、退稅、出口信貸等經濟手段調控對外貿易。同時，以興辦經濟特區和開放沿海地區為戰略選擇，中國對外開放和外向型經濟發展實現重大突破。到一九八九年，中國出口在世界的排名由一九八〇年的第二十六位上升到了第十四位。

　　為了吸收外商直接投資，一九七九年中國頒布了《中華人民共和國中外合資經營企業法》，一九八〇年批准了第一批三家外商投資企業。一九八六年，國務院頒布了《關於鼓勵外商投資的規定》。此後，中國先後對經濟特區、沿海開放城市和沿海經濟開放區內吸收外資實行一些特殊政策，擴大地方外商投資的審批權限，發揮了各地利用外資的積極性，改善了投資環境，推動了吸收外資的發展。

　　二十世紀九〇年代，中國建立了有管理的單一浮動匯率制度，實行銀行結售匯制度，取消了外匯留成；取消了進出口指令性計劃，對部分出口

甘肅那然色布斯台音布拉格，中國與蒙古交界處的國門，這裡是甘肅唯一的一個對外貿易口岸。

主要的籃子貨幣

美元　歐元

日元　韓元

其他重要籃子貨幣

馬來西亞
吉林特　泰銖

加元　澳元

英鎊　俄羅斯
盧布

新加坡元

人民幣匯率參考——籃子貨幣

籃子貨幣的選取以及權重確定主要是考慮
中國國際收支經常項目的主要交易國家、地區及貨幣

▲ 自二〇〇五年七月二十一日起，中國開始實行以市場供求為基礎、參考一籃子貨幣進行
調節、有管理的浮動匯率制度。人民幣匯率不再盯住單一美元，形成更富彈性的人民幣
匯率機制。

商品配額實行公開招標；逐步放開了外經貿經營權，推進外經貿經營權由審批制向登記制過渡；積極推動外經貿企業轉換經營機制，進行股份制試點；完善出口退稅政策，運用出口信貸、出口信用保險等國際通行手段支持外經貿發展。

同時，全方位、多層次、寬領域對外開放格局逐步形成。一九九〇年中央決定開發開放上海浦東新區。一九九二年對外開放的地域又向縱深推進，相繼開放了重慶、武漢、九江等六個沿江港口城市，以及滿洲里等十三個陸地邊境城市和所有內地省會城市，並實施靈活的鼓勵外商投資的區域經濟政策。隨後幾年，又陸續開放了一大批符合條件的內地市縣。

二十世紀九〇年代，根據國內外形勢的變化，中國政府先後提出了「以質取勝」戰略、「市場多元化」戰略、「大經貿」戰略、「科技興貿」戰略，中國對外貿易實現了第二次飛躍，一九九〇到一九九九年間出口年均增長百分之十四，一九九九年出口在世界的排名躍升至第九位。

一九九九年，中央政府根據國內外形勢的發展變化，從中國發展全局和戰略的高度，明確提出了「走出去」戰略。要求各地區、各部門共同努力，加快建立「走出去」戰略的促進體系、保障體系、監管體系和服務體系，大力發展境外投資辦廠加工裝配、境外資源開發、對外工程承包與勞務合作等。

二〇〇一年，以加入世界貿易組織（WTO）為標誌，中國對外開放進入了新階段：由有限範圍、領域、地域內的開放，轉變為全方位、多層次、寬領域的開放；由以試點為特徵的政策性開放，轉變為在法律框架下的制度性開放；由單方面為主的自我開放市場，轉變為中國與世貿組織成員之間的雙向開放市場；由被動地接受國際經貿規則的開放，轉變為主動

▲ 二〇〇一年十一月十一日，卡塔爾首都多哈，中國加入世界貿易組織簽字儀式現場。

參與制定國際經貿規則的開放；由只能依靠雙邊磋商機制協調經貿關係的開放，轉變為可以多雙邊機制相互結合和相互促進的開放。

　　加入 WTO 為中國參與經濟全球化開闢了新的途徑，為國民經濟和社會發展開拓了新的空間。加入 WTO 以來，中國按承諾開放了包括金融、電信、建築、分銷、法律、旅遊、交通等在內的眾多服務領域。制定、修訂、廢止了三千餘件法律、行政法規和部門規章，加強知識產權保護，投資環境進一步完善，利用外資的規模繼續擴大，連續十五年居發展中國家首位，實際利用外資平均每年近五百九十億美元。二〇〇三至二〇一一年，貨物進出口貿易年均增長 21.7%，其中，出口年均增長 21.6 %，進口

▲ 二〇〇五年一月十九日，江西省開放型經濟國際諮詢會議在南昌舉行。圖為台灣企業家在大會發言。

年均增長 21.8%。2011 年，中國貨物貿易出口總額和進口總額占世界貨物出口和進口的比重分別提高到 10.4%和 9.5%，貨物貿易進出口總額躍居世界第二位，並且已經連續 3 年成為世界貨物貿易第一出口大國和第二進口大國。中國已經和世界聯通在一起。

實行全方位的對外開放，成功實現了從封閉半封閉到全方位開放。中國共產黨堅持對外開放的基本國策，打開國門搞建設，加快發展開放型經濟。從建立經濟特區到開放沿海、沿江、沿邊、內陸地區再到加入世界貿易組織，從大規模「引進來」到大踏步「走出去」，利用國際國內兩個市場、兩種資源水平顯著提高，國際競爭力不斷增強。

公平與效率並重的分配制度

分配制度是一個重大的理論問題和實踐問題。分配不僅是社會再生產過程中的一個重要環節，在生產和消費之間起著承上啟下的關鍵作用，而且還能夠揭示一定社會制度下各經濟利益主體之間的利益關係，並反映出這種利益關係背後的各種決定因素。分配制度是否合理有效，直接關係到國民經濟能否持續、快速和健康穩定地發展，關係到社會的安定和國家的長治久安。

從一九五六年社會主義改造完成到一九七八年改革開放前的二十多年間，在收入分配制度方面，按勞分配是這一時期唯一的分配方式，其具體形式為：全民所有制企業、機關和事業單位以及城鎮集體企業都實行工資制；農村集體經濟實行工分制。主要特點如下：

首先，政府在收入分配體制中處於絕對主導的地位。城市全民所有制企業實行八級工資制，政府機構和科教文衛等廣大的事業單位實行等級工資制。政府具體規定每個行業、每個工資級別的工資標準。在農村，政府嚴格規定集體經濟的分配原則、方法和積累消費的比例，生產隊是基本的集體經營單位（平均每個生產隊有三十戶左右的農戶），農民按照勞動量的多少、勞動強度的大小以及勞動力的強弱來計算工分，並憑工分來參與生產隊收入的分配，工分的分值取決於生產隊的收入情況。生產隊的純收入取決於農產品的數量和價格，而當時農產品的價格絕大部分又由國家計劃管理，所以農民的收入水平還要受到國家價格計劃的調控。

其次，存在嚴重的平均主義。同一部門、同一產業的工資等級和工資標準全國基本統一（僅有很小的地區差別）。同時，企業職工的工資數量與企業經營狀況好壞、經濟效益高低相脫節。企業之間只要工資級別相

▲ 一九五八年，河南封丘縣，農業生產合作社實行固定工資制，社員每月領一次薪水。

同，無論是在經濟效益好的企業還是在虧損企業，都可以拿同樣數量的工資。在農村集體經濟中，農民由生產隊派活，集體勞動，憑工分按人口分配糧食等生活必需品，因此農村同樣存在嚴重的平均分配傾向。

改革開放以來，中國在分配領域進行了一系列改革。重點是克服原有收入分配體制中存在的嚴重平均主義傾向，激發廣大人民群眾的生產積極性。鄧小平在一九七八年率先提出：「要允許一部分地區、一部分企業、一部分工人農民，由於辛勤努力成績大而收入先多一些，生活先好起來。」

分配制度改革的實踐，是以農村二十世紀八〇年代初普遍實行家庭聯產承包責任制為突破口的。家庭聯產承包責任制明確劃分了國家、集體、個人的權利、責任和利益關係，最有效地將農民的收入同他們的勞動成果

掛起鉤來。農村分配改革的成功對以後中國分配體制的改革產生了極為深遠的影響。

一九八四年中共十二屆三中全會提出，企業職工資金由企業根據經營狀況自行決定，國家只對企業適當徵收超限額獎金稅。在企業內部，要擴大工資差距，拉開檔次，以充分體現獎勤罰懶、獎優罰劣，充分體現多勞多得，少勞少得，充分體現腦力勞動與體力勞動、複雜勞動與簡單勞動、熟練勞動與非熟練勞動、繁重勞動與非繁重勞動之間的收入差別。同時要改變腦力勞動報酬偏低的狀況。

一九八五年一月，國務院發布了《關於國有企業工資改革問題的通知》，決定從一九八五年開始，在國有大中型企業中實行職工工資總額同經濟效益按比例浮動的辦法。隨著對社會主義初級階段的認識不斷加深，

▲ 中國農村實行家庭聯產承包責任制後，農民生產積極性提高，喜獲豐收。

中共十三大提出收入分配以按勞分配為主體，其他多種分配方式為補充，其中包括合法的非勞動收入；分配政策既要有利於善於經營的企業和誠實勞動的人先富起來，合理搞好收入差距，又要防止貧富懸殊，堅持共同富裕的方向，在促進效率提高的前提下體現社會公平。

一九九二年，中共十四大明確提出建立社會主義市場經濟體制，這就使分配體制的改革走上了一條既遵循宏觀經濟規律、又適合中國國情的正確道路。十四大提出：在分配制度上，以按勞分配為主體其他分配方式為補充，兼顧效率與公平。一九九七年，中共十五大報告明確提出允許和鼓勵資本、技術等生產要素參與收益分配。提出要把按勞分配和按生產要素分配結合起來，從而明確按生產要素分配的地位。同時要不斷完善分配結構，既要堅持效率優先，促進經濟發展，又要兼顧公平，促進社會穩定。

▲ 一九八一年，廣東梅縣南口這戶人家建了新房，成了先富起來的小康人家。

二〇〇二年，中共十六大在分配理論上主要是對按生產要素分配的明確界定以及指出了如何貫徹「效率優先、兼顧公平」的「兩個注重」原則。一是明確了勞動、資本、技術和管理是基本的生產要素，同時也沒有否認知識、資源、信息等生產要素在財富創造中的積極作用；二是明確了生產要素按貢獻分配；三是對效率與公平的關係作出了清晰的回答，即「初次分配注重效率，發揮市場的作用，鼓勵一部分人通過誠實勞動、合法經營先富起來。再分配注重公平，加強政府對收入分配的調節職能，調節差距過大的收入」。

總之，中國的分配體制經歷了如下變遷過程：從最初的按勞分配演化到目前的按要素分配；從以公平優先演變為效率優先、兼顧公平，再到今天的公平和效率並重。

同舟共濟的中央政府與地方政府

中國有些地方經濟發展水平一直較高，而有些地區經濟發展水平則相對較低。經濟發展非常不平衡是近代以來中國經濟的基本特點之一。目前，中國有三十四個省級行政區，其中中等規模的省擁有可與歐洲的大國相匹敵的人口和土地面積。

如何處理好中央政府與地方政府的權責利關係，如何發揮中央和地方兩個積極性，對於中國政府來說，一直是個重要的課題。要集中力量辦大事，就要把權力主要集中到中央政府，而要充分發揮地方政府的活力就必須將一定的管理權限下放給地方，當然，伴隨著地方政府權力的增強，可能會出現地方保護主義和地區之間的過度競爭，區域之間的經濟發展差距也可能拉大，從而導致整個社會的不穩定、不和諧。

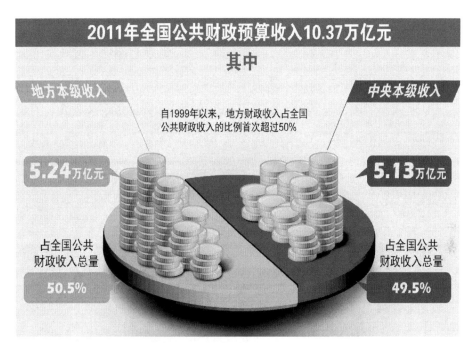

2011年全国公共财政预算收入10.37万亿元

其中

地方本级收入

中央本级收入

自1999年以来，地方财政收入占全国
公共财政收入的比例首次超过50%

5.24万亿元

5.13万亿元

占全国公共
财政收入总量

50.5%

占全国公共
财政收入总量

49.5%

▲ 二〇一一年，中國地方財政收入首次超過中央。

改革開放之前的計劃經濟時代，中國一直處於一種「放」和「收」的反覆和循環狀態，並且呈現出「一放就活、一統就死」的經濟管理特徵。所謂「放」，是指中央政府把管理經濟的一些權利下放給地方政府，從而可以調動地方政府的積極性。所謂「收」，是指中央政府對放下去的權利重新回收，加強中央對整個經濟的控制。

改革開放以來，隨著市場化改革的深化，地方分權化改革也取得了很大進展。這種地方分權化改革在經濟方面主要體現在以下幾點：

第一，財政收支權力向地方政府轉移。在計劃經濟時代，中國採取了中央和地方財政的收支由中央政府統一規定、分級管理的體制。改革開放以後，作為經濟分權的重要一環，在一九八〇年、一九八五年、一九八八

年共進行了三次財政體制的改革，實現了地方政府和中央政府之間的「財政承包制」，即：各地地方政府與中央建立獨立的承包關係，按一定的比例或者金額將地方財政收入上繳到中央財政，剩餘部分可以由地方政府自由支配。這一制度變遷調動了地方政府的積極性，促進了經濟發展，但是中央財政在全國財政收入中的占比從改革開放以來一直下降，到一九九四年實行「分稅制」之前已經下降到百分之二十二左右，中央政府的宏觀調控能力出現弱化。

第二，國有企業管理權限的下放。改革開放之前，大中型國有企業大多隸屬於中央政府的各個部門。隨著中央政府對國有企業實行「放權讓利」改革，大部分國有企業的隸屬關係以及管理權限也由中央政府下放到各級地方政府。

第三，中央為了調動地方政府發展經濟的積極性和主動性，便於地方政府因地制宜，將有關地方經濟發展的大部分權限，特別是中小項目的投資立項決定權、物資分配權、對外貿易權等，也都逐步地下放給了地方政府。

通過這些中央向地方的分權化改革，地方政府的積極性大大提升。地方政府作為獨立的經濟主體，在地方經濟的發展中發揮了巨大的作用。然而，凡事有一利必有一弊。地方政府作為中央政府政策執行機關的同時，其本身又是追逐自身利益的理性主體。由於地方政府和中央政府的利益的不完全一致性，導致了地方政府和中央政府二者之間的關係是既協調合作又存在矛盾和衝突。

地方政府積極性的調動是中國改革開放成功的一個重要原因。隨著地方分權化改革的實施，地方政府認識到發展經濟與其利益息息相關，因而

▲ 二〇一一年三月，安徽省蒙城縣五十多名在企業退休的勞動模範和先進工作者，參觀縣內經濟、文化以及城市建設等成果，了解當地經濟和社會的變化。

更加積極貫徹中央方針政策，並在中國所設計的制度變遷路徑中，扮演積極創新、勇於實踐的角色。

為了地方利益，地方政府積極進行了國有企業改革，發展和扶植當地經濟的支柱產業，積極培育產品市場和生產要素市場，大刀闊斧地引進外資和開展對外貿易，依照中央的指示精神大力推進各項制度變革。

農村改革的成功是與地方政府分不開的。安徽、四川等地對農民自發改革行為網開一面，最終推動中央認可的農業生產經營制度的變遷。國有企業改革、社會保障體制改革、農村稅費改革也都是由地方政府進行試點和實驗，從而為中央政府提供改革的經驗和方案，最後這個方案成為普及到全國的制度變遷。

中國的漸進式改革沒有中央政府自上而下對地方政府的激勵，和地方政府自下而上的積極支持，是不可能順利完成的。正是中央和地方二者關係的互動，才使得中國改革沒有經歷太大的波動，才使得中國經濟在改革開放三十多年來獲得了顯著增長。

　　當然，中國作為一個經濟發展不平衡的大國，格外需要中央政府的宏觀經濟調控，因此地方政府的權利也不能過大。因為地方政府作為一個利益主體，並不承擔全國經濟綜合平衡的責任，為了追求本地區的利益最大化，往往會不惜採取一些與中央政府精神背道而馳的政策。比如說，為了追求 GDP 的增長速度，會大幹快上，實施過度投資。這種投資從局部來看，似乎是合理的，但從全國來看，存在著重複建設、布局不合理等問題。

　　地方政府為了保護自己本地的企業，可能還會通過各種行政手段來禁止外地工業產品的流入，或者限制本地的農副產品、原材料和能源資源向外地流出，這是一種地方保護主義行為，這種人為地對市場進行分割和保護的「封建諸侯」經濟現象，與中央政府構建全國統一市場體系的精神相左。

　　為了提高中央政府的財政收支水平，一九九四年中國實施了分稅制改革。這一改革重新界定了中央和地方的稅收來源和稅負水平，這一舉措一舉扭轉了中央政府財政收入連年下降的趨勢，提高了中央政府宏觀經濟調控能力和為全國提供公共產品的水平。

　　同時，中央政府還通過省一級幹部人事的跨地域交流等一系列措施，恢復了中央財政的能力和權威，有效杜絕了「上有政策、下有對策」的行為。正是有了中央財力作保障，中國政府才可以通過轉移支付來提高民族

地區、經濟發展落後地區的基礎設施建設水平，從而讓區域之間協調發展。

　　二〇〇一年，為了促進西部內陸地區經濟的發展，縮小東部沿海地區和西部地區的經濟發展差距，中國政府提出了「西部大開發」戰略。中央的財政開始向西部傾斜，加大對西部地區基礎設施的投資建設力度，同時提供一些其他優惠政策。西部大開發戰略實施以來的實踐證明，中國政府的政策提高了西部地區經濟發展速度，有效緩解了東西部差距。

▲ 二〇一三年三月，吉林省吉林市，東北老工業基地江北化工城雪後風貌

東北地區曾經是中國的重工業基地。改革開放以來，由於轉型困難，經濟發展速度趨緩。為了振興東北老工業基地，中國政府在財政能力大為提高的前提下，通過一系列政策加快東北老工業基地的發展。隨之，中部地區的經濟發展也進入了中央政府的視野，中央提出了中部地區崛起戰略。

中央和地方的關係是一個經濟發展大課題，對一個經濟發展不平衡的大國來說更是如此。改革開放初期，正是發揮了地方政府的積極性才使得經濟獲得了顯著發展。隨著經濟發展水平的提高，中央政府財政能力的加強又可以緩解地區差距、收入差距等一系列問題。可見，隨著條件的變化，需要合理處理中央和地方的關係。

中國經濟要實現快速可持續發展，所面臨的問題仍然很多。要處理好這些問題，需要中央政府和地方政府有良好的互動，需要隨著經濟體制的變化和經濟發展水平的提高，動態調整中央和地方的權利邊界，從而使得政府能夠發揮其最佳效能。

統籌發展的城市與鄉村

調整好城鄉關係是中國工業化、城市化和現代化進程中必須要面對的一個重要課題。從經濟角度看，城鄉關係與工農關係含義基本一致。解決好城鄉關係，從某種意義上講，即是正確處理好了工業和農業協調發展的問題。

新中國成立之後，隨著國民經濟的恢復，工業化就成為整個國民經濟建設的重中之重。圍繞著這一目標，城鄉關係需要處理好兩個問題：一是如何加快農業發展，以便在人多地少的條件下，解決中國人民的吃飯問題

和為工業化積累資金；二是在優先發展重工業戰略下，如何協調城鄉關係（工農關係），保持低消費條件下的社會安定，保證中國的工業化迅速實現。

當時採取的辦法就是走農業合作化的道路，有三個主要目標：一是改造落後的小農經濟，使農業獲得大發展；二是保證為工業化提供必要的積累；三是保持工業化和高積累過程中的社會穩定和避免兩極分化。

但是以單一公有制和計劃經濟為目標的社會主義改造完成以後，並沒有出現原來設想的社會主義經濟優越性。在城鄉關係方面，國家對農村經濟的控制力度不斷加強，不僅農村的多種經營不能發展起來，而且限制農村人口向城市流動，甚至城市人口倒流向農村（例如「文革」時期的城市知識青年到農村去），城市化進程非常緩慢。

經過一九四九年後近三十年的發展，雖然中國的農業現代化，特別是在先進技術的推廣，電力、化肥、農藥的使用，以及農田水利建設方面有了顯著進步，但是受十年「文化大革命」的影響和「左傾」思想的束縛，農業和農村仍被侷限在計劃經濟的體制下，農民仍被禁錮在城鄉分隔的落後鄉村。

一九七八年以前，由於「政社合一」的集體經營體制束縛了農民的積極性，糧食等主要農產品的增長始終不能滿足人口增長的需要，城鄉居民生活困頓，全國人民的溫飽問題沒有得到解決，有二點五億農民生活在貧困線以下。而在城市，就業問題也越來越嚴重，大批城市知識青年到農村去的政策引發城市居民特別是青年的不滿，不僅難以為繼，而且成為危及社會安定的大問題。城鄉關係面臨著一個重要的轉折關頭。

改革開放以前，農民和鄉村對工業化和城市的支持，主要是通過提供

一九八三年，溫州農村許多地方的農民仍舊過著「臉朝黃土背朝天」的小農經濟生活。

農業稅和低價的農副產品（通過統購統銷和剪刀差形式）。換句話說，就是農村通過向城市提供農業剩餘來為工業化積累資金和降低成本。同時，又通過限制農民流動來減輕城市壓力和維持社會安定。當然，也有部分農村人口通過上學、參軍、有計劃的招工等形式轉到城市，但是這種轉移人數非常有限。

改革開放以後，農民和鄉村對工業化和城市的支持形式，則發生了巨大的變化。隨著農產品「統購統銷」制度的廢止和農產品的市場化，通過

▲ 二〇一四年五月，遼寧省盤錦市盤山縣作為國家現代農業示範區，「農業大縣」的名牌越來越亮。

直接和間接的農業剩餘來支持工業化和城市的比重越來越低，而通過農民提供廉價的勞動力和鄉村資源（資金和土地等）來支持工業化越來越成為主體。

第一，農民為改革開放以來的經濟發展提供了豐富廉價的人力資源，大大降低了工業化的成本和企業資本積累的速度，特別是為外向型企業和勞動密集型企業的發展提供了快速成長的資本積累。

第二，改革開放以來，農民不僅為城市發展、經濟開發區以及大量的

▲ 二〇〇八年十二月，安徽蒙城，農民將晾曬好的紅薯粉絲堆放在一起，準備銷售。

交通等基礎設施工程提供了廉價的土地資源，許多城市還通過徵購農民土地並轉讓使用權，獲取了大量土地收益資金，填補了城市發展的資金缺口，這種方法被稱為「經營型」城市發展。

第三，農民通過以鄉鎮企業來推動小城鎮發展和直接向城市投資的形式，將大量的農村資金直接投入到城鎮。

上述三種鄉村支持工業和城市的新方式，是一九七八年以來中國經濟高速增長，特別是對外貿易超常增長的主要動力，也是城市空間規模快速擴張的重要原因。

此外，一九七八年以後農產品供給的迅速增加，不僅是鄉鎮企業「異軍突起」的前提，還使得在國家取消城市糧油補貼的市場化改革後，保證了農副產品的低價和生活消費價格的穩定，為改革和發展作出了貢獻。

改革開放以來城鄉關係的這一次轉變，在推動整個國民經濟快速發展、城市化率大幅度提高和全國基本達到小康社會水平的同時，也使得城鄉之間的發展差距、城鄉居民之間的收入差距在經歷了二十世紀八〇年代前期短暫的縮小之後，開始拉大距離。若將城鎮居民的一些隱性福利和優惠折算成收入，中國城鄉居民的收入差距可能達到六比一。顯然，這種差距的擴大與共同富裕的目標訴求不一致。

隨著中國經濟的發展壯大，國家已經有能力將過去長期實行的農業支持工業、鄉村支持城市的城鄉關係，轉變為工業反哺農業、城市帶動鄉村的新型城鄉關係。

二〇〇二年，中共十六大將城鄉經濟關係的認識推向了一個新的高度。大會明確提出解決「三農」問題必須統籌城鄉經濟社會發展，跳出傳統的就農業論農業、就農村論農村、就農民論農民的侷限，將解決「三

▲ 二〇一四年五月，四川省華鎣市紀委邀請部分群眾代表，查看惠農資金開支賬目。

農」問題放在了整個社會經濟發展的全局和優先位置來考慮。

　　根據對工農關係、城鄉關係的新認識，中國政府在 2005 年對城鄉關係作了重大調整，實現了歷史性的轉折。2005 年 3 月，溫家寶總理進一步提出工業和城市要「反哺」農業和農村的設想。他在 2005 年 3 月 14 日舉行的記者招待會上宣布：「我們已經開始進入第二個階段」，「第二個階段，就是實行城市支持農村、工業反哺農業的方針，對農民『多予、少取、放活』。」從 2003 年到 2007 年的 5 年裡，國家財政用於「三農」的支出達到 1.6 萬億，是改革開放前 1950-1978 年 29 年間的 10 倍，是 1979-2002 年 24 年間的 1.3 倍。2008 年中央財政用於「三農」的投入則達到 5955 億元，比上年增加 1637 億元，增長 37.9%；三次較大幅度提高糧食最低收購價，提價幅度超過 20%。2009 年，為了減輕世界金融危機對中國農民收入和農村經濟的衝擊，中央財政則計劃安排「三農」投入

▲ 二〇一四年五月，河南省滑縣，農藝師正在給村民講解有關小麥的農業技術。

7161 億元，比 2008 年又增加 1206 億元，增幅達到 20.25%。

　　以國家全面驅動工業反哺農業、城市支持鄉村、建設社會主義新農村為標誌，中國的工農關係、城鄉關係進入了一個新的歷史階段。也應該看到，中國未來的工業化、城市化和農業現代化還有很長的路要走，受到的資源和環境約束比過去 30 年還要嚴峻。但是，中國仍將堅持通過政府轉變觀念、財政轉移支付和經濟發展來統籌城鄉發展。

第二章

中國經濟的
快速發展和水平

不斷的改革成就了中國經濟的快速發展

改革開放以來，中國的 GDP 規模不斷發展壯大，三十餘年間增長了二十餘倍，平均增速接近百分之十，開創了中國經濟發展史上前所未有的「高速」時代。中國經濟的快速發展與中國的改革密不可分。

改革開放前二十多年的歷史證明，在單一公有制和行政性計劃管理體制範圍內想主意，找辦法，打轉轉，都不能解決職工吃企業「大鍋飯」（農村是農民吃集體「大鍋飯」）現象，以及資金利用率和勞動力資源利用率

▲ 二〇一三年八月，山西省太原市食品街經過重新規劃定位，煥發了生機。

「雙低」的結果,改革的結果跳不出「一統就死,一放就亂」的怪圈。這就是 1978 年改革開放的邏輯起點。

1978 年中共十一屆三中全會以來,中國經濟航程轉向改革。全面推進各方面體制改革,建立和發展充滿活力的社會主義市場經濟等各方面的體制,成為新時期最突出的特點。

經濟體制改革是從「放權讓利」開始的。在城市,是逐步擴大地方政府和國營企業的自主權;在農村,則是將生產經營的自主權下放給農民家庭,即將集體統一生產經營改變為以家庭經營為主的「家庭聯產承包責任制」。這個變革得到了廣大農民的熱烈擁護,到 1983 年初,全國實行家庭聯產承包責任制的生產隊已占全國生產隊總數的 93%。1982-1986 年,中共中央為了支持農村經濟變革,一共出台了五個中央「一號文件」(中共中央在每個年度發出的第一份公文)。這五個「一號文件」折射了政府在農業生產經營上回歸權利給農民的過程:1982 年,承認包產到戶的合法性,讓農民有了生產經營自主權;1983 年,放活農村工商業,農民獲得了自主擇業權;1984 年,疏通流通渠道,農民獲得了藉助市場自由處置農產品的權利;1985 年,取消了統購統銷,農民的自主權進一步加大;1986 年,增加農業投入,調整工農城鄉關係,農民有了更健全的平等發展權。

這種制度改革使中國農業經濟績效發生了很大轉變。1978-1985 年,糧食總產量從 30477 萬噸增加到 37911 萬噸,增長了 24.4%,棉花產量從 216.7 萬噸增加到 414.7 萬噸,增長了 91.4%。農村居民家庭人均純收入從 133.6 元增加到 397.6 元,按可比價格計算,增長了 168.9%。同時,農業中家庭承包制的實行,提高了勞動生產率,釋放出剩餘勞動力,農村勞

▲ 二〇一四年二月，四川省華鎣市明月鎮菜農代均益在自豪地展示他種植出的「花菜王」。

動力轉移到工業、建築業和第三產業等部門就業。在基本生產要素中，勞動力是最重要的。把勞動力從生產率低的部門轉移到生產率高的部門，本身就是經濟增長的重要源泉。農村鄉鎮企業「異軍突起」就是一種表現。農村經濟改革的成功不僅為城市企業改革提供了示範，而且奠定了物質基礎。

　　一九八四年十月，中共十二屆三中全會作出了《中共中央關於經濟體制改革的決定》，全面改革就此展開。在投資體制、金融體制、流通體制、財稅體制等方面，一些重大的改革措施相繼出台，市場機制在資源配置上的作用越來越大。隨著改革的深入，各類市場主體逐漸發展起來，各種市場逐步發育起來。這一系列的舉措，讓中國經濟和社會結構也發生了變化。國有企業和國家的委託代理關係在探索中不斷改善；鄉鎮企業出乎

▲ 二〇一三年，中國一批地鐵線路率先向民資開放。

意料地崛起；個體經濟和私營經濟在需求旺盛和政府政策的大力扶持下不
斷發展壯大；「三資」企業（指中外合資經營企業、中外合作經營企業和
外商獨資經營企業）的發展速度也不斷加快。

　　一九九二年，中共十四大確立了建立社會主義市場經濟體制的目標。
一九九三年十一月，中共十四屆三中全會通過了《關於建立社會主義市場
經濟體制若干問題的決定》。這樣，從一九九二年初開始，財稅、金融、
外匯、外貿、計劃和投資等一系列體制的改革不斷深化，同時，進一步理
順政府、市場和企業之間的關係，健全宏觀調控體制。一九九七年中國提
前實現國民經濟「翻兩番」的任務和形成買方市場，進入小康社會。

　　進入新世紀以後，中國社會主義市場經濟體制改革進一步深入，並取
得突破性進展。資本、技術和勞動力等要素市場進一步規範和發展。

中國的改革充分調動了各種積極因素，使生產要素在市場引導下得以充分結合和不斷優化配置，充分發揮了中國勞動力資源豐富的優勢，充分發揮了沿海地區的區位優勢，以及充分利用海外資本以彌補國內資本不足和技術落後，使得中國經濟總量實現了空前的發展，應該說，沒有改革開放打破單一公有制和計劃經濟體制，就不可能有中國經濟連續三十多年的高速發展和人均收入由一百多美元達到今天的六千美元，成為世界第二大經濟體。

　　中國經濟的發展歷程是一個宏大敘事，體現了中國人民對工業化和現代化的不斷探索和追求。六十餘年風風雨雨，讓中國人民更加成熟、更加理性、更加自信地走自己的道路，以自己的實踐和思考開創中國特色的社會主義經濟發展道路。

新世紀以來中國經濟發展成就

新世紀以來的十年，是中國經濟社會發展進程中極不平凡的十年，面對國內外複雜環境和一系列重大風險挑戰，中國經濟社會發展取得舉世矚目輝煌成就。

經濟持續較快發展

2002 年中國國內生產總值剛剛突破 10 萬億元，四年後 2006 年突破 20 萬億元，之後，每兩年就突破一個 10 億，2008 年就突破了 30 萬億

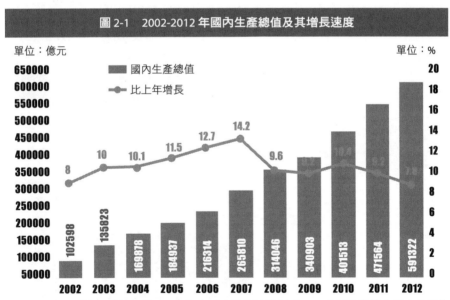

圖 2-1　2002-2012 年國內生產總值及其增長速度

▲ 數據來源：《中國統計年鑑：2012》和《中華人民共和國 2012 年國民經濟和社會發展統計公報》。

元，2010 年突破 40 萬億元，2012 年突破 50 萬億元。2002—2012 年，其中有 6 年實現了 10%以上的增長速度。2012 年國內生產總值達到 519322 億元，是 2002 年的 5 倍。中國經濟總量占世界的份額由 2002 年的 4.4% 提高到 2012 年的 10.5%，對世界經濟增長的貢獻率超過 20%。人均國內生產總值也快速增加，按照平均匯率折算，中國人均國內生產總值由 2002 年的 1135 美元上升至 2012 年的 6100 美元。2013 年上半年中國國內生產總值（GDP）248009 億元，比上年同期增長 7.6%。

國家財政實力明顯增強

經濟快速增長帶來了國家財政收入的穩定增長。在 2003 年突破 2 萬億元後連創歷史新高：2005 年突破 3 萬億元，2007 年突破 5 萬億元，2010 年突破 8 萬億元，2011 年突破 10 萬億元。2012 年，中國財政收入達到 117210 億元，比 2003 年增長 4.4 倍，年均增長 18%。財政收入的快

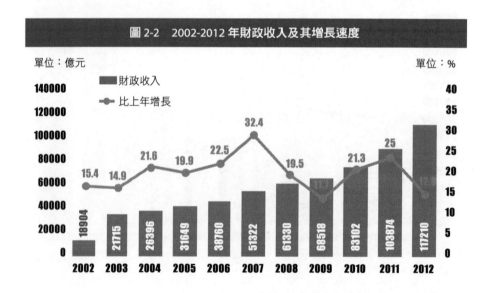

圖 2-2　2002-2012 年財政收入及其增長速度

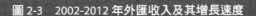

圖 2-3　2002-2012 年外匯收入及其增長速度

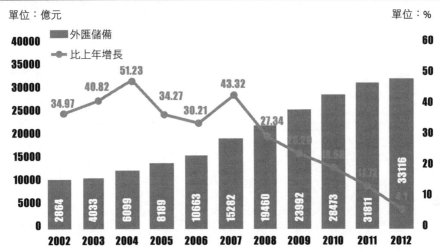

▲ 數據來源：《中國統計年鑑：2012》和《中華人民共和國 2012 年國民經濟和社會發展統計公報》。

速增長為加大教育、醫療、社會保障等民生領域投入，增強政府調節收入分配能力等提供了有力的資金保障。近 10 年來，中國外匯儲備增長不斷加快，並於 2007 年達到年度增加 4600 多億美元的歷史最高水平。但 2011 年開始，外匯儲備增幅開始明顯放緩。2012 年末外匯儲備達到 33116 萬億美元，比 2011 年增長 4.1%，外匯儲備規模連續 7 年穩居世界第 1 位。2013 年一季度中國外匯儲備躍升 1300 億美元，達到 3.44 萬億美元，這一規模約為德國經濟總量。

結構調整邁出新步伐，經濟發展的協調性和競爭力明顯增強

新世紀以來，中國始終堅持把加快經濟發展方式轉變作為深入貫徹落實科學發展觀的重要目標和戰略舉措，始終堅持把經濟結構戰略性調整作

為主攻方向，堅定不移調結構，腳踏實地促轉變，從「快字當頭」到「好字優先」，中國結構調整不斷邁出新步伐，經濟發展的全面性、協調性和可持續性明顯增強。三次產業協同性增，農業基礎穩固、工業生產能力全

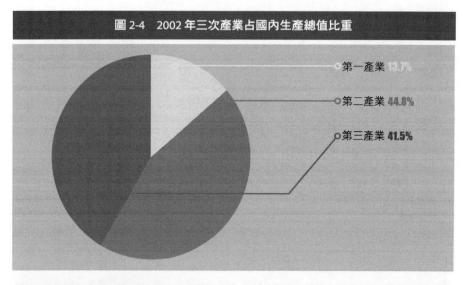

圖2-4　2002年三次產業占國內生產總值比重

第一產業 13.7%

第二產業 44.8%

第三產業 41.5%

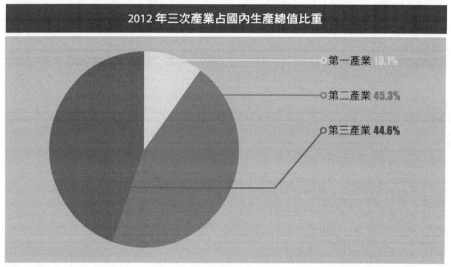

2012年三次產業占國內生產總值比重

第一產業 10.1%

第二產業 45.3%

第三產業 44.6%

面提升、服務業全面發展的格局逐步形成。2012 年，中國第一產業增加值占國內生產總值的比重為 10.1%，第二產業增加值比重為 45.3%，第三產業增加值比重為 44.6%。2013 年，無論從增長速度、固定資產投資還是從就業數量看，第三產業都穩居三類產業首位。

在擴大內需戰略的帶動下，內需對中國經濟增長的拉動作用顯著增強。尤其是在應對國際金融危機衝擊中，內需的強勁增長有效彌補了外需的不足，對實現經濟平穩較快發展起到了極為關鍵的作用。2011 年，內需對經濟增長的貢獻率由 2002 年的 92.4%提高到 104.1%，外需貢獻率則由 2002 年的 7.6%轉為-4.1%。 2012 年中國 GDP 增長 7.8%，在經濟增長的貢獻中，最終消費的貢獻率比資本形成高 1.4 個百分點，最終消費對 GDP 貢獻是 51.8%，資本形成貢獻 50.4%，貨物和服務的淨出口貢獻-2.2%。城鎮化步伐明顯加快。2011 年中國城鎮化率首次突破 50%，達到 51.3%，比 2002 年提高 12.2 個百分點，2012 年中國城鎮化率比上年提高了 1.3 個百分點，達到 52.6%。

中國各地區的發展及區域經濟結構變化

2012 年，除香港、澳門和台灣外，中國 31 個省級單位中有 24 個 GDP 超 1 萬億元，其中，GDP 超過 5 萬億元的有廣東、江蘇、山東 3 個省；GDP 達到 3-4 萬億元的有浙江、河南 2 省；達到 2-3 萬億元的有河北、遼寧、四川、湖北、湖南、上海 6 個省級單位；1-2 萬億元的有福建、北京、安徽、內蒙古、陝西、黑龍江、廣西、江西、天津、山西、吉林、重慶和雲南 13 個省級單位。人均 GDP 超過 1 萬美元的有天津、北京、上海、江蘇、內蒙古和浙江 6 個省級單位，較上一年增加了 3 個。

中國地域廣闊，各地區經濟發展不平衡。從 30 多年的發展歷程來看，改革開放初期中國實施沿海地區率先發展戰略，東部地區發展速度始終領先於中西部地區。以 1992 年鄧小平南巡講話和 1994 年中共十四大召開為標誌，中國的改革開放和現代化建設進入了新的階段，作為「先富起來」的地區，大量生產要素湧入東部地區，東西部經濟總量相對差距呈快速擴大趨勢，2000 年東部地區經濟總量是西部地區的 3.05 倍；雖然 2000 年國家開始實施了西部大開發戰略，但在「十五」期間由於投資和政策的滯後效應，東西部經濟總量的比值仍呈現持續擴大趨勢，在 2005 年達到峰值 3.24 倍。

「十一五」期間，西部地區進入快速發展階段，東部地區「一馬當先」

▲ 二〇〇六年十二月一日，由國務院振興東北辦組織召開的實施東北老工業基地振興戰略三週年座談會在北京召開。

的增長格局逐漸被打破，東西部經濟總量差距逐步縮小。2007 年，西部地區經濟增速首次超過東部地區；2010 年東部地區經濟總量為西部的 2.85 倍，比值較 2005 年下降 0.39 倍；到 2011 年，比值已降到 2.7 倍。2008—2011 年，中部、西部和東北地區經濟增速連續 4 年超過東部地區，區域增長格局發生重大變化。2011 年，中部地區、西部地區的地區生產總值占全國的比重分別為 20.1%、19.2%，分別比 2002 年提高 1.3、2.0 個百分點。主體功能區建設初見成效，西部大開發、振興東北老工業基地、促進中部地區崛起等區域發展戰略向縱深推進，區域間產業梯度轉移步伐加快，中西部地區發展潛力不斷釋放。2011 年，中部地區、西部地區、東北地區全社會固定資產投資占全國的比重分別為 23.2%、23.5% 和 10.7%，分別比 2002 年提高 5.5、3.2 和 2.4 個百分點。

區域結構不斷優化，中西部地區加快發展，經濟總量占全國的比重持

▲ 二〇一三年九月，甘肅省蘭州新區成為國務院批覆的第五個國家級新區。

續上升，區域發展呈現出協調性增強的趨勢。全國經濟增長重心區從南到北、由東至西不斷拓展。京津冀地區迅速崛起，長三角、珠三角地區加速產業結構調整，綜合實力不斷增強，共同引領全國經濟發展。東部沿海地區完成新一輪產業布局，形成了一批新的區域經濟增長，輻射帶動能力進一步增強。廣西北部灣、成渝、關中—天水、中原經濟區加快發展，成為引領中西部地區持續快速增長的重要支撐。

2012 年西部地區實現生產總值 11.4 萬億元，增速同比增長 12.8%，分別比東部地區、中部地區快 3.18 和 1.54 個百分點，占全國 GDP 比重 19.75%，較上一年提高 0.38 個百分點。對中國經濟增長的貢獻率為 23.44%，比上一年提高 1 個百分點。值得注意的是，在 12 個西部省區市中，9 個省分的 GDP 增速進入全國前十位，各省區增速均在 11%以上。內蒙古自治區人均 GDP 為 10216.2 美元，成為西部地區首個人均 GDP 過萬美元、進入高收入社會的省分，在全國名列第五。中國區域經濟增長格局已逐步由「東快西穩」向「西快東穩」轉換。

中共十八大指出，繼續實施區域發展總體戰略，充分發揮各地區比較優勢，優先推進西部大開發，全面振興東北地區等老工業基地，大力促進中部地區崛起，積極支持東部地區率先發展。採取對口支援等多種形式，加大對革命老區、民族地區、邊疆地區、貧困地區扶持力度。

表 2-1　2012 年中國 GDP 規模榜及增速榜

2012年GDP規模榜			2012年GDP增速榜		
排名	地方	GDP（億元）	排名	地方	GDP 增長（%）
1	廣東	57068	1	天津	13.8
2	江蘇	54058	2	貴州	13.6
3	山東	50013	3	重慶	13.6
4	浙江	34606	4	雲南	13
5	河南	30000	5	陝西	12.9
6	河北	26575	6	甘肅	12.6
7	遼寧	24801	7	四川	12.6
8	四川	23850	8	青海	12.3
9	湖北	22250	9	安徽	12.1
10	湖南	22154	10	吉林	12
11	上海	20101	11	新疆	12
12	福建	19702	12	西藏	11.8
13	北京	17801	13	內蒙古	11.7
14	安徽	17212	14	寧夏	11.5
15	內蒙古	15986	15	福建	11.4

中國國際經濟地位的變化

中國經濟在世界的排名不斷攀升

中國經濟增長率令世界矚目，改革開放以來，中國保持了較高的經濟增長率，從世界範圍看，是同期經濟增長速度最快的國家，經濟增長率居世界首位。1978-1996 年中國國內生產總值（GDP）年均增長率達 9.9%，居世界首位，遠高於世界 3.2% 的平均水平，也高於發達國家的 2.3% 和發展中國家的 4.4%。2002-2012 年，國內生產總值年均增長 10.46%，遠高於同期世界平均增速 3.8% 的水平。2012 年，中國經濟增長率為 7.8%，占到全球經濟的 10.5%，相當於美國經濟的 55% 左右。中國經濟的平穩快速增長，有力地帶動了世界經濟復甦，中國經濟增長的卓越表現令世界矚目。

高速的經濟增長使中國經濟規模迅速擴大，中國經濟總量在世界經濟中的排名不斷攀升。在二十世紀七〇到八〇年代，中國的 GDP 一直與加拿大不相上下。2000 年，中國 GDP 超過意大利，成為世界第六大經濟體。2005 年，中國經濟規模超過英國，成為僅次於美國、日本和德國的世界第四大經濟體。2007 年，中國 GDP 增速為 13%，超過德國成為全球第三大經濟體。僅僅 3 年之後，2010 年，中國 GDP 便超越日本，成為世界第二。2012 年中國 GDP 達到 519322 億元，中國維持 GDP 總量世界第二的位置不變。

從貨物貿易進出口總額來看，中國已經成為僅次於美國的世界第 2 大貿易國家。2012 全年貨物進出口總額 38668 億美元，比上年增長 6.2%，

▲ 北京最為繁華的 CBD 地區。

比 2002 年增長 5.2 倍，年均增長 20%。2012 年中國貨物出口額占全球貨
物出口的 11.2%，居世界第一位；貨物進口額占全球貨物進口的 9.8%，
居世界第二位，僅次於美國。2003 年，中國非金融類對外直接投資只有
29 億美元，2012 年增加到 772 億美元，比 2003 年增長 25 倍。對外經濟
合作迅速發展，2012 年對外承包工程業務完成營業額 1166 億美元，中國
已經成為世界對外投資大國。

然而，作為總量的全球第二大經濟體，不等於人均的第二大經濟體，
也絕非第二經濟強國。根據國際貨幣基金組織 2012 年 4 月 17 日公布的數
據，中國 2011 年人均 GDP 為 5414 美元，世界排名在第 89 位，仍是不

▲ 二〇〇四年六月三十日，第一屆中國國際服務業展覽會在北京展覽館拉開帷幕。

折不扣的發展中國家。從人均角度來看，中國也落後於俄羅斯（12993 美元，第 53 位）、巴西（12789 美元，第 54 位）。按照中國統計局的數據，2011 年，中國人均 GDP 達到 35083 元，扣除價格因素，比 2002 年增長 1.4 倍，年均增長 10.1%。按照平均匯率折算，中國人均 GDP 由 2002 年的 1135 美元上升至 2011 年的 5432 美元，世界排名第 86 位。2012 年中國人均 GDP 達到 3.84 萬元，超過 6000 美元，進入中等偏上收入國家行列，其中東部一些地區人均生產總值已達到 1 萬美元以上。

中國經濟的國際競爭力不斷增強

近年來，中國在機構、基礎設施、宏觀經濟環境、健康與教育培訓、商品市場效率等方面的國際競爭力都有了顯著增強。總部位於瑞士日內瓦的世界經濟論壇發布的《2012—2013 年全球競爭力報告》顯示，瑞士連續四年拔得頭籌，新加坡位居第二。香港特區較去年上升兩位排名第九位，日本下降一位排名第十位，仍屬全球最具競爭力的經濟體之列。報告顯示美國的排名連續四年滑落，從第五位下滑至第七名。中國的排名在經過數年穩定上升後，下降了三個位次，排行第二十九位，但在「金磚四國」（中國、印度、俄羅斯、巴西）中，中國的表現仍最為出色。中國台灣排名第十三位。

▲ 二〇一一年四月，三亞亞龍灣中心廣場前的鮮花擺成了「BRICS」金磚四國圖案，迎接金磚國家領導人第三次會晤和博鰲亞洲論壇二〇一一年年會的召開。

據美國《財富》雜誌統計，2013 年中國（包括中國台灣）進入世界 500 強企業數量為 95 家，較 2012 年增加 19 家，僅次於美國。而這一數字在 2000 年僅為 10 家，2007 年為 30 家。其中，來自內地和香港的上榜企業為 89 家，比上年增加了 16 家；來自台灣的企業為 6 家，與上年持平。在榜單前十位中有 3 家中國企業，其中中石油、中石化分別比上年前進一位，位居第四和第五；中國國家電網位列第七，與上年持平。在世界前 100 位中，中國企業占有 11 個。排名提升最大的前 20 家企業，中國占有 10 家，其中，綠地集團位列第 359 位，排名較上年上升了 124 位；山東能源集團有限公司較上年上升了 87 位；招商銀行上升了 86 位；交通銀行上升了 83 位。

2013 年財富世界 500 強排行榜新上榜的 31 家公司中，中國公司占據了 18 個席位（其中能源企業 6 家），占新上榜公司總數的 60%左右。

梳理近三年來中、美、日企業在世界 500 強的排名變化不難看出，美國企業排名儘管高居榜首，但數量卻止步不前，2013 年的 132 家與上年持平，較 2011 年則減少 1 家。位居第三的日本企業數量下滑明顯，自 2011 年被中國首度超越後，2012 年下降至 68 家，2013 再減至 59 家。

在反映「含金量」的企業收入上，中國上榜企業總收入合計 5.2 萬億美元，占 500 強企業總收入的 17%，這一數字較 2000 年的 1.6%增長逾 10 倍，其中工商銀行等四大銀行位居世界前十大「最賺錢」企業。美國上榜企業總收入為 8.6 萬億美元，占 500 強企業總收入的 28.5%，與其在全球經濟中的分量大體相當。從企業性質上看，中國上榜企業所有制類型呈現從單一的國有獨資到國有獨資、國有控股、國有聯營、股份制企業等多種所有制形式並存的變化趨勢。同時，上榜企業的經營領域和行業不斷

▲ 二〇一一年七月，廣東深圳街頭的世界 500 強企業集團中國平安廣告牌。

圖 2-5　《財富》雜誌中國 500 強歷年企業上榜數量

單位：家

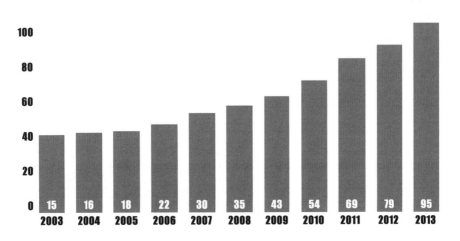

拓寬。

　　中國上榜企業數量不斷增加，從 2003 年的 15 家上升到 2013 年的 95 家，這反映出中國經濟的快速發展及中國企業的發展壯大。

中國成為上中等收入的國家

　　世界銀行 2010 年的收入分組標準是，低收入經濟體為 1005 美元或以下者；下中等收入經濟體在 1006-3975 美元之間；上中等收入經濟體在 3976-12275 美元之間；高收入經濟體為 12276 美元或以上者。

　　根據國家統計局的數據，中國 2009 年人均國民收入為 3650 美元，按照世界銀行 2008 年標準，可列為中等偏下收入國家。2010 年中國人均國民收入 4260 美元，按照世界銀行 2010 年的標準，已達到中等上水平。2012 年中國人均國內生產總值超過 6000 美元，進入中等偏上收入國家行列，其中東部一些地區人均生產總值已達到 1 萬美元以上。2013 年 6 月 5 日，中國國務院總理李克強在人民大會堂同出席 2013 財富全球論壇和出席全球首席執行官委員會的企業家代表會見並座談時說，中國作為一個擁有 13 億人口的發展中大國，已進入中等收入階段。

第三章

中國的產業結構

改革開放以來，伴隨著中國經濟持續快速增長，中國產業結構發生了一系列意義深遠的巨大變化。從長期的變動趨勢來看，三大產業之間的比例關係有了明顯改善，其結構正向合理化方向變化，輕、重工業的比重也越來越協調。國民經濟增長的動力由主要依賴第一、二產業向依賴第二、三產業轉變。如今，中國已經成為名副其實的「世界工廠」，主要工業產品產量都位居世界第一。隨著經濟發展方式的轉變和需求結構的不斷變化，中國的產業結構還會發生相應的變化。一些新興產業將代替傳統產業成為經濟繼續增長的推動力。同時，伴隨著現代化程度的提高，第三產業發展的空間越來越大。

中國產業結構和變化

中華人民共和國成立以來，尤其是改革開放 30 多年以來，中共中央、國務院一直十分重視三次產業協調發展問題，在不放鬆農業基礎的同時，大力促進工業和服務業的快速發展。從重視調整農、輕、重比例關係，到大力促進第三產業發展。中國的產業發展實現了由少到多、由弱到較強的轉變；產業結構的變化也基本符合世界產業結構演進的一般規律，三次產業結構不斷向優化升級的方向發展。縱觀新中國建立後的 GDP 中的三次產業結構變化，可以發現以下幾個特點：

第一產業比重下降，而第二產業、第三產業比重上升。第一產業的比重由改革開放初期的 30% 左右下降至 2012 年的 10.1%；第二產業的比重先由 1980 年的 48.22% 下降到 1990 年的 42.32%，到 2012 年再次回升到 45.3%。第三產業的比重由 1980 年的 21.87% 升至 2012 年的 44.6%。

從三次產業對 GDP 增長的拉動和對 GDP 增長的貢獻率上看，國民經濟總量增長從主要由第一、二產業帶動轉為主要由第二、三產業帶動。從各年度看，國內生產總值增長幾乎有 50% 以上來自於第二產業，30% 以上來自第三產業，只有不足 10% 的份額來自第一產業。第二產業特別是工業的增長成為中國經濟快速增長的主要動力之一，說明中國的工業化取得了進步。近年來，第三產業的發展也較為迅速，但份額相對較小，說明中國的產業結構與發達國家相比還有差距。

中國三次產業的就業結構也發生了很大變化。第一產業的勞動力占總勞動力的比重自改革開放以後就不斷下降，從 1978 年的超過 70% 下降到

▲ 二〇一四年五月，在江西九江青島啤酒有限公司生產車間內，工人們正在生產線上忙碌。

2012 年的 33.6%。第二產業和第三產業的就業人數不斷增加，分別從 1978 年的 17.3%和 12.2%提升到 2012 年的 30.3%和 36.1%。

從地區來看，第三產業增加值在 GDP 中占比最高的省、區、市是北京市。改革開放之後，隨著首都功能定位的逐步明確，北京開始加快產業結構的升級和調整。1994 年服務業比重超過第二產業，形成「三、二、一」的產業格局；1995 年服務業比重超過 50%，標誌著北京市從全國重

表 3-1　2001-2012 年各產業增加值及占國內生產總值比重

年份	第一產業（億元）	第二產業（億元）	第三產業（億元）	第一產業占比（%）	第二產業占比（%）	第三產業占比（%）
2001	15781.3	49512.3	44361.6	14.39	45.15	40.46
2002	16537.0	53896.8	49898.9	13.74	44.79	41.47
2003	17381.7	62436.3	56004.7	12.80	45.97	41.23
2004	21412.7	73904.3	64561.3	13.39	46.23	40.38
2005	22420.0	87598.1	74919.3	12.12	47.37	40.51
2006	24040.0	103719.5	88554.9	11.11	47.95	40.94
2007	28627.0	125831.4	111352.0	10.77	47.34	41.89
2008	33702.0	149003.4	131340.0	10.73	47.45	41.82
2009	35226.0	157638.8	148038.0	10.33	46.24	43.43
2010	40533.6	187383.2	173596.0	10.10	46.67	43.24
2011	47486.2	220412.8	205205.0	10.04	46.59	43.37
2012	52377.0	235319.0	231626.0	10.09	45.31	44.60

數據來源：《中國統計年鑑：2012》和《中華人民共和國2012年國民經濟和社會發展統計公報》。

要的工業基地逐步發展成為以第三產業為主的服務經濟城市。此後，北京市第三產業比重節節攀升。2012年，第三產業增加值占GDP的比重達到76.4%，在全國穩居第一，北京實現了產業結構從工業主導型向服務業主導型的轉變。2012年上海第三產業增加值占比也首超60%。第二產業增加值在GDP中占比最高的省、區、市是河南省，20世紀90年代初期，河南的第一產業占比還較大，但近年來，該省第二產業發展很快，其增加值占GDP的比重高達57%，位居全國第一。在大陸的31個省、自治區、直轄市中，第一產業增加值在GDP中占比最高的省分為海南省，第一產業的占比仍高達約25%。

第一產業的發展

新世紀以來，中共中央、國務院確立了把解決好「三農」問題作為工作重中之重的戰略思想，制定了「工業反哺農業、城市支持農村」和「多予、少取、放活」的指導方針；部署了加快發展現代農業、建設社會主義新農村的戰略任務；取消了農業稅，實行了對農、畜、林及草原等的直接補貼、良種補貼、農機具購置補貼和農資綜合補貼；全面放開糧食購銷，推進集體林權制度改革；堅持不懈地推進農業科技進步，加快推進現代農業建設，農業生產穩步發展，農業基礎地位不斷穩固。第一產業增加值由 2002 年的 14883 億元，增加到了 2012 年的 52377 億元，增加了 2.5 倍，年均增長達到 13%。農業產值結構也有了變化，2002 年種植業、林業、牧業、漁業比值分別為 54.5.%、3.8%、30.9%、10.8%，2011 年分別為 51.6%、3.8%、31.7%、9.3%。

農林牧漁全面發展

糧食綜合生產能力連上新台階。2012 年，全國糧食總產量達到 58957 萬噸，比 2002 年增產 13246 萬噸，增長 29%，年均增長 2.57%。2004 年至 2012 年糧食總產量實現連續九年增產，2007-2012 年糧食總產量連續 6 年超 5 億噸，標誌著中國糧食綜合生產能力穩定躍上新台階。主要糧食品種中，2012 年稻穀產量 20429 萬噸，比 2001 年增長 17.1%；小麥產量 12058 萬噸，增長 33.5%；玉米產量 20812 萬噸，增長 71.5%。

經濟作物全面增產。2012 年，棉花產量為 684 萬噸，比 2002 年增產

▲ 二〇一四年五月，位於長江西陵峽畔湖北省宜昌市夷陵區境內的田園風光。

192 萬噸，增長 39%，年均增產幅度為 3.35%。油料產量為 3476 萬噸，比 2002 年增產 576 萬噸，增長 19.9%，年均增產幅度為 1.83%。糖料產量為 13493 萬噸，增產 3342 萬噸，增長 32.9%，年均增產幅度為 2.89%。烤煙產量達到 320 萬噸，增產 107 萬噸，增長 50.2%，年均增產幅度為 4.2%。茶葉產量為 180 萬噸，增產 106 萬噸，增長 143.2%，年均增產幅度為 9.3%。

肉蛋奶等主要畜產品產量穩定持續增長。2012 年全國肉類總產量達到 8384 萬噸，比 2002 年增加 1794 萬噸，增長 27.2%，年均增長幅度為 2.4%，肉類總產量穩居世界第一。水產品產量快速增長。2012 年，全國水產品總產量為 5906 萬噸，比 2002 年增加 1393 萬噸，增長 30.8%，年

均增長 2.7%。

　　森林資源和林業經濟快速增長。根據國家林業局第六次全國森林資源清查（1999-2003 年）到第七次全國森林資源清查（2004-2008 年）清查結果，全國森林面積淨增 2054.30 萬公頃，森林覆蓋率由 18.21%提高到 20.36%，活立木總蓄積淨增 11.28 億立方米，森林蓄積淨增 11.23 億立方米，天然林面積淨增 393.05 萬公頃，天然林蓄積淨增 6.76 億立方米，人工林面積淨增 843.11 萬公頃，人工林蓄積淨增 4.47 億立方米。據國家林

表 3-2　中國主要農產品產量（2001-2012 年）單位：萬噸

年度	稻穀	小麥	玉米	棉花	油料	茶葉	肉類
2001	17758	9387.3	11408.8	532.4	2864.9	70.2	6105.8
2002	17453.9	9029	12130.8	491.6	2897.2	74.5	6234.3
2003	16065.6	8648.8	11583	486	2811	76.8	6443.3
2004	17908.8	9195.2	13028.7	632.4	3065.9	83.5	6608.7
2005	18058.8	9744.5	13936.6	571.4	3077.1	93.5	6938.9
2006	18171.8	10846.6	15160.3	753.3	2640.3	102.8	7089
2007	18603.4	10929.8	15230	762.4	2568.7	116.5	6865.7
2008	19189.6	11246.4	16591.4	749.2	2952.8	125.8	7278.7
2009	19510.3	11511.5	16397.4	637.7	3154.3	135.9	7649.7
2010	19576.1	11518.1	17724.5	596.1	3230.1	147.5	7925.8
2011	20100.1	11740.1	19278.1	658.9	3306.8	162.3	7957.8
2012	20429	12058	20812	684	3476	180	8384

數據來源：《中國統計年鑑：2012》和《中華人民共和國 2012 年國民經濟和社會發展統計公報》

業局統計，2003 年至 2011 年全國林業重點工程累計完成造林面積 3646.4
萬公頃，其中天然林保護工程 707.1 萬公頃，退耕還林工程 1720.8 萬公
頃，京津風沙源治理工程 431.9 萬公頃，速生豐產用材林基地工程 9.2 萬
公頃。2012 全年完成造林面積 601 萬公頃，其中人工造林 410 萬公頃。
林業重點工程完成造林面積 274 萬公頃，占全部造林面積的 45.6%。

▲ 二〇一四年四月，四川省華鎣市農民喜滋滋地採摘櫻桃。

農業現代物質技術裝備水平不斷改善

農業科技創新成效顯著。科技進步是農業發展的根本動力。新世紀以來，中國政府高度重視科技在建設現代農業中的重要作用，在生物育種、糧食豐產、節水農業、數字農業、循環農業、動植物疾病防治等領域開展科技攻關，取得了一系列重大科技成果，增加了農業技術儲備，顯著提高了農業生產技術水平和綜合生產能力。2012 年農業科技進步貢獻率達到54.5%；主要糧食品種良種覆蓋率達到 96%以上，畝產首次達 350 公斤以上，單產提高對糧食增產貢獻率達到 80.5%。全年未發生重大農產品質量安全事件和區域性重大動物疫情，蔬菜、畜禽、水產品質量安全例行監測合格率分別達到 97.9%、99.7%和 96.9%，同比分別上升 0.5、0.1 和 0.1個百分點。2013 年 1 月中國農業部公布了《全國現代農作物種業發展規劃（2012—2020 年）》。規劃提出，到 2020 年主要農作物良種覆蓋率達到 97%以上，良種在農業增產中的貢獻率達到 50%以上，前 50 強企業的市場占有率達到 60%以上，例行監測的種子企業覆蓋率達到 50%以上。

農業機械化水平快速提高。農業機械化是農業現代化的重要標誌，是改善農業生產條件、農民生活水平、農村生態環境的重要途徑。新世紀以來，農業機械裝備水平實現快速發展。據農業部統計，2011 年全國農用機械總動力 97735 萬千瓦，比 2002 年增長 68.7%，年均增長 6%；大中型拖拉機 441 萬台，比 2002 增長 3.8 倍，年均增長 19.1%；小型拖拉機1811 萬台，比 2002 年增長 35.2%，年均增長 3.4%；聯合收割機 111 萬台，比 2002 年增長 2.6 倍，年均增長 15.3%。2011 年全國農作物耕種收綜合機械化率達到 54.5%，比 2005 年提高 18.6 個百分點。2012 年農業總動力突破 10 億千瓦，耕種收綜合機械化水平達到 57%。

農業基礎設施建設持續加強。新世紀以來，國家大力推廣保護性耕作技術，實施旱作農業示範工程，推廣測土配方施肥，推行有機肥綜合利用與無害化處理，引導農民多施農家肥，增加土壤有機質。據農業部統計，截至 2010 年，測土配方施肥項目已涵蓋全國 2498 個縣（場、單位），受益農戶達 1.6 億，技術推廣面積 11 億畝以上；土壤有機質提升試點項目已涵蓋全國 30 個省（區、市，含中央農墾系統）的 619 個縣（市、區、

▲ 二〇一四年三月十一日，四川省綿陽市安縣黃土鎮鹽井村，農技人員正利用農用智能無人機噴灑農藥。

場），實施面積增加到 2750 萬畝。水利基礎設施建設力度加大。根據水利部統計，2011 年全國有效灌溉面積為 61682 千公頃，比 2002 年增長了 13.5%。

農業科技是確保國家糧食安全的基礎支撐，是突破資源環境約束的必然選擇，是加快現代農業建設的決定力量。加強農業科技創新能力條件建設，健全現代農業科技創新體系，對於突破資源環境約束、轉變農業發展方式、增強農業國際競爭力、提高農業可持續發展能力，具有十分重要的意義。2013 年中共中央一號文件明確要求「加強農業科技創新能力條件建設和知識產權保護」，這為加快推進農業科技創新能力條件建設提供了更加有力的政策保障。

隨著農林牧漁業的發展，中國主要農產品的人均占有量也不斷增加。21 世紀以來，糧食作物的人均占有量從 2000 年的 366 公斤增加到 2012 年的 435.4 公斤；油料人均占有量從 2000 年的 23.4 公斤增加到 2012 年的 25.6 公斤；棉花人均占有量也從 3.5 公斤增加到 5 公斤；豬羊牛肉人均占有量則從 37.57 公斤增加到 61.9 公斤；水產品人均占有量從 2935 公斤增加到 43.6 公斤。

第二產業的發展

改革開放以來，中國首先扭轉了輕重工業發展比例嚴重失調、消費品及其短缺的局面。隨著工業化進程的深入發展，中國工業整體實力迅速提高，20 世紀 90 年代重化工業得到高速發展。新世紀以來，一方面，深入貫徹落實科學發展觀、工業經濟結構不斷優化；另一方面，積極利用加入世界貿易組織機遇，中國成為了「世界工廠」。中國工業堅持科學發展，堅持快速發展，工業經濟規模快速擴張，結構不斷優化，質量不斷提高，國內生產總值增長幾乎有 50% 以上都來自於第二產業。

工業生產規模不斷擴大

中國的工業總產值不斷增長，規模越來越大。1990 年，工業總產值為 18689.22 億元，而到了 2012 年，這一數字變為 199860 億元，比上年增長 7.9%。主要工業品產量位居世界第一。2012 年，中國的原煤產量達到 36.5 億噸，原油產量達到 2.07 億噸，水泥產量達到 22.1 億噸，粗鋼產量達到 7.71 億噸，發電量達到 49377 億千瓦小時，十種有色金屬產量達到 3672 萬噸。在第二產業中，工業增加值占 GDP 的比重要遠遠大於建築業增加值占 GDP 的比重。2012 年，工業增加值占 GDP 的比重大約為建築業增加值占 GDP 比重的 6 倍。

工業在全球製造業中的影響力不斷提升。據美國經濟諮詢公司環球通視數據，2010 年中國製造業產出占世界的比重為 19.8%，超過美國成為全球製造業第一大國。據中國社科院相關資料，在世界 500 種主要工業品

表 3-3　中國主要工業品的產量（2001—2012 年）

年度	原煤產量（億噸）	原油產量（萬噸）	天然氣（億立方米）	水泥產量（萬噸）	鋼產量（萬噸）	汽車產量（萬輛）	發電量（億千瓦時）
2001	14.72	16395.87	303.29	66103.99	15163.44	234.17	14808.02
2002	15.5	16700	326.61	72500	18236.61	325.1	16540
2003	18.35	16959.98	350.15	86208.11	22233.6	444.39	19105.75
2004	21.23	17587.33	414.6	96681.99	28291.09	509.11	22033.09
2005	23.5	18135.29	493.2	106884.79	35323.98	570.49	25002.6
2006	25.29	18476.57	585.53	123676.48	41914.85	727.89	28657.26
2007	26.92	18631.82	692.4	136117.25	48928.8	888.89	32815.53
2008	28.02	19043.06	802.99	142355.73	50305.75	930.59	34957.61
2009	29.73	18948.96	852.69	164397.78	57218.23	1379.53	37146.51
2010	32.35	20241.4	948.48	188191.17	63722.99	1826.53	42071.6
2011	35.2	20287.55	1026.89	209925.86	68528.31	1841.64	47130.19
2012	36.5	20700	1072.2	221000	71716	1927.7	49377.7

數據來源：《中國統計年鑑：2012》和《中華人民共和國 2012 年國民經濟和社會發展統計公報》

中，中國有二百二十種產品產量居全球第一位，其中粗鋼、電解鋁、水泥、精煉銅、船舶、計算機、空調、冰箱等產品產量都超過世界總產量的一半。據德勤和美國競爭力委員會發布的《2010 全球製造業競爭力指數》報告，二〇一〇年中國製造業競爭力指數在被評的二十六個國家中排名第一。

工業經濟結構的變化

多種所有制經濟共同發展。一是國有經濟布局和結構調整取得成果。

▲ 二〇一四年五月，安徽省淮北市，女工在紡織廠生產車間內加工出口的紡織產品。

2011 年，規模以上工業國有控股企業實現產值 22.1 萬億元，占規模以上工業的 26.2%，其中，在煤、電、油、氣、水的生產和交通運輸設備製造等關係國計民生的重要領域，所占比重達到 40%—95%；在冶金、有色等原材料領域，比重達到 25%—40%；但在多數競爭性行業比重在 10%以下。二是私營企業快速壯大。2005—2011 年，規模以上私營工業企業增加值年均增長 22.1%，增速高於其他所有制類型企業。2011 年，私營企業工業總產值達到 25.2 萬億元，比 2002 年增長 18.5 倍，占規模以上工業的 29.9%，比 2002 年提高 18.2 個百分點。三是港澳台及外商投資經濟仍發揮重要作用。2011 年，規模以上港澳台及外商投資工業企業實現工業總產值 21.8 萬億元，比 2002 年增長 5.7 倍，占規模以上工業的 25.9%；吸納就業 2574 萬人，占規模以上工業的 28.1%。

產業轉型升級效果明顯。新世紀以來，中國圍繞走新型工業化道路的戰略目標，以調整改造傳統產業和培育發展戰略性新興產業為突破口，實行減扣稅、貼息、增加財政補貼、提供優惠信貸和資本市場融資優先、加大對高技術產業和自主創新的支持力度、重點發展裝備製造業、培育戰略性新興產業等一系列政策，大力推動由傳統製造業向現代製造業的轉變。同時，通過項目審批、信貸、土地、環保、電力供應和出口退稅等措施，對能源、資源密集型重化工業進行了重點調控，採取「上大壓小」措施，加大兼併重組和淘汰落後產能力度，有效促進了工業整體素質和國際競爭力提升。「十一五」（2006—2010）期間全國共淘汰落後煉鐵產能 1.1 億噸，煉鋼產能 6800 多萬噸，水泥產能 3.3 億噸，焦炭產能 1 億噸，造紙產能 1030 萬噸，玻璃產能 3800 萬重量箱，占全部落後產能的 50%左右。在關閉造紙、化工、紡織、印染、酒精、味精、檸檬酸等重污染企業

方面都取得積極進展。煤炭、鋼鐵、水泥等行業兼併重組穩步推進，產業集中度明顯上升。

近年來高耗能行業投資過快增長得到有效遏制。二〇〇三至二〇〇五年高耗能行業投資增速分別高達 43.9%、43.1%和 31.9%，在國家一系列調控政策的作用下，高耗能行業投資增速明顯回落，二〇一〇、二〇一一年分別僅為 14.7%和 18.3%。

在國家產業政策的扶持和促進下，一是裝備製造業實力顯著提升。二

▲ 位於雲南昆明的一家國家高新技術產業基地。

○○四至二○一一年，規模以上裝備製造業增加值年均增長 17.8%，增速比規模以上工業高 2.7 個百分點。二○一一年，裝備製造業總產值達到 27.7 萬億元，比二○○二年增長 6.4 倍，占規模以上工業比重達到 32.8%。重大技術裝備自主化水平明顯提高，如目前中國鋼鐵產業煉鋼主體設備 90%實現了國產化，已經具備了全流程自主設計、自主集成建設千萬噸級現代化鋼鐵基地的能力。某些裝備製造達到國際先進水平，如風

▲ 二○一四年六月，在廣西蒙山縣繭絲綢產業園區，一家絲綢企業的工人正在車間裡忙碌。

力電機等行業技術水平躍居世界前列。二是高技術製造業快速發展。2004-2011 年，規模以上高技術製造業增加值年均增長 16.8%，增速比規模以上工業高 1.6 個百分點。2011 年，高技術製造業總產值達到 8.8 萬億元，比 2002 年增長 4.9 倍，移動電話、彩電、計算機、部分藥物等主要高技術產品的產量居世界第一。2012 年 1-11 月分，高技術產業增加值同比增長 11.8%，高出規模以上工業增加值平均增速 1.8 個百分點。在信息領域，集成電路芯片設計能力大幅提升，12 英寸集成電路芯片製造能力和設備配套能力顯著增強；在航空航天領域，載人航天、探月工程、北斗導航等取得重大進展；在生物領域，創新藥物和疫苗、基因工程、診斷試劑、生物育種等產業創新活力旺盛，成為高技術產業發展的新引擎。

中西部地區工業發展快於東部。2004-2011 年，中部和西部地區規模以上工業增加值年均增長 16.6%和 16.4%，分別比東部高 2 和 1.8 個百分點。2011 年，中部地區規模以上工業總產值達到 16.1 萬億元，占全國的 19.1%，比 2002 年提高 5.5 個百分點，對全國規模以上工業增速的貢獻率由 2004 年的 16.7%提高到 2011 年的 28.9%。西部地區規模以上工業總產值達到 11.8 萬億元，占全國的 14%，比 2002 年提高 2.9 個百分點，對全國規模以上工業增速的貢獻率由 2004 年的 11.3%提高到 2011 年的 18.5%。2012 年 1-11 月分，東、中、西部地區工業增加值同比分別增長 8.7%、11.4%和 12.8%。

工業經濟效益水平不斷改善。2011 年規模以上工業勞動生產率達到 92.1 萬元／人年，比 2002 年增長 3.6 倍；規模以上工業總資產貢獻率達到 16.1%，提高 6.6 個百分點；成本費用利潤率達到 7.7%，提高 2.1 個百分點。規模以上工業單位增加值資源消耗量和污染物排放量大幅下降。據

國家統計局統計，2012 年 1—10 月分，全國規模以上工業企業盈虧相抵實現利潤 4.02 萬億元，同比增長 0.5%，年內首次實現正增長，上繳稅金同比增長 8.5%；主營業務收入利潤率為 5.46%，同比回落 0.53 個百分點，但比前三季度提高 0.1 個百分點；全部從業人員平均人數 9017 萬人，同比增長 1%。

工業進出口情況

出口保持較快增長。2001 年中國加入世界貿易組織以來，「中國製造」與世界經濟的融合進一步加快，中國工業出口保持快速增長。2011 年，規模以上工業出口交貨值達到 10 萬億元，比 2002 年增長 4 倍。2003—2007 年，工業企業出口交貨值占工業銷售產值的比重平均達到 19.4%。2008 年以來，面對國際金融危機的衝擊，中國在擴大內需方面取得了積極進展，在一定程度上彌補了出口增長趨緩的衝擊。2008 年出口交貨值占工業銷售產值比重為 16.7%，2011 年下降到 12%。

產品進出口結構優化。十年來，中國工業產品進出口結構不斷優化，中高端產業國際競爭力增強。2011 年，規模以上裝備製造業出口交貨值 6.5 萬億元，比 2002 年增長 5.6 倍，占全部規模以上工業出口交貨值的 65.4%，比 2002 年提高 16.4 個百分點。與此同時，先進技術、設備、關鍵零部件進口快速增長。據海關統計，2011 年中國進口機電產品 7533 億美元，比 2002 年增長 3.8 倍；進口高新技術產品 4630 億美元，增長 4.6 倍。

工業領域認真貫徹落實科學發展觀，堅持走新型工業化道路，從容應對加入世界貿易組織後的新變化，經受住了國際金融危機以及其他不利因

素帶來的衝擊，工業生產實現又好又快發展，在全球工業經濟的影響力不斷提升。同時，中國工業發展依然面臨著一些突出矛盾和問題。特別是與可持續發展要求相比，經濟結構仍不盡合理。如高耗能產業增長過快，對資源、環境帶來很大壓力；一些領域盲目投資、產能過剩問題進一步暴露，淘汰落後產能工作難度加大；工業自主創新能力不足，核心技術和高端人才缺乏；區域經濟發展不平衡、不協調問題依然突出等。

主要產業

機械工業

機械工業素有「工業的心臟」之稱，它的發展水平是衡量一個國家工業化程度的重要標誌。二〇〇〇至二〇一〇年的十年，中國機械工業規模

▲ 二〇一四年三月十三日，中國國際機械工業展覽會在寧波國際會展中心拉開序幕。圖為商家在向客戶介紹自動化、智能化機器人。

以上企業從 3.4 萬家增加到 10.5 萬家；2010 年工業總產值、工業增加值與實現利潤，均為 2000 年的 10 倍左右。2010 年產銷邁上 14 萬億元人民幣的新台階，確立了世界機械製造大國的地位。

2012 年，中國機械工業累計完成工業總產值 18.41 萬元，同比增長 12.64%；完成工業銷售產值 18.04 萬元，同比增長 12.54%。2012 年機械工業總產值占全國工業總產值約 19.75%，機械工業增加值占全國工業增加值約 19%，機械工業增加值占全國 GDP 約 9%。2013 年 1—5 月機械工業增加值同比增長 9.3%。

中國機械工業大而不強、基礎薄弱、高端裝備主要依靠進口的局面仍然沒有明顯的改觀，目前又面對國際國內複雜多變的形勢和環境：發展方式仍然較為粗放；產業結構不合理；自主創新能力薄弱；基礎發展滯後。在以上方面取得突破是實現中國機械工業可持續發展、由大變強亟需解決的問題。

鋼鐵工業

鋼鐵工業作為重要基礎原材料行業，是工業化的支柱產業，在國民經濟發展中有著舉足輕重的作用。新中國成立後，黨和國家的領導人高度重視鋼鐵的生產，以致於「以鋼為綱」。但經過近 30 年的努力，雖然為鋼鐵工業的發展奠定了堅實基礎，但一直沒有使鋼鐵工業擺脫「瓶頸」制約的狀況。改革開放以來，中國鋼鐵產業有了飛速發展，1982 年產鋼 3716 萬噸，超過聯邦德國，居世界第四位；1992 年產鋼 8093 萬噸，超過俄羅斯，居世界第三位；1993 年產鋼 8953 萬噸，超過美國，居世界第二位；1996 年產鋼突破億噸大關，達到 1.01 億噸，超過日本，居世界第一位。2005 年粗鋼產量突破 3 億噸，達到 35579 萬噸，由鋼鐵產品淨進口國轉

▲ 二〇一四年五月，中鐵工程裝備集團有限公司盾構總裝車間。

為淨出口國。「十一五」期間更是增加了 2.75 億噸，五年間跨越 4 億、5
億和 6 億噸三個台階。2012 年粗鋼產量為 7.17 億噸，占全球粗鋼總產量
比例近一半。鋼鐵工業的快速發展為中國工業化、城市化及經濟的發展作
出了巨大貢獻。

　　另一方面，由於其自身生產特點，鋼鐵工業也是資源、能源密集型及
污染排放的重點行業。伴隨著產量的增加，鋼鐵工業產業結構矛盾、產能
過剩、環境資源約束等問題也愈加嚴峻。中國鋼鐵工業原料的對外依賴程
度也隨著產量的迅猛增長而不斷嚴峻，全國進口鐵礦石產鐵量占全國生鐵
總產量比由 2000 年的 34.46%增加到了 2010 年的 67%，2012 年全國累計
進口鐵礦石 74355 萬噸，同比增長 8.4%。特別是 2008 年金融危機以來，

國內外市場需求不足，鋼鐵工業陷入全行業虧損局面，2012 年 80 家重點大中型鋼鐵企業累計實現銷售收入 35441 億元，同比下降 4.3%；實現利潤 15.8 億元，同比下降 98.2%，銷售利潤率幾乎為零（只有 0.04%）。鋼鐵工業化解產能過剩、調整工業結構、轉變發展方式迫在眉睫。

汽車產業

汽車工業是工業文明的產物和代表，同時也是一個國家工業水平和實力的綜合體現。新世紀以來，中國汽車工業得到高速發展。2001 年《國民經濟和社會發展十五計劃綱要》第一次明確「轎車進入家庭」的提法；2004 年《汽車產業發展政策》發布；2009 年國務院出台《汽車產業調整和振興規劃》。從 2001 年至 2008 年，中國汽車產銷平均每年跨越 100 萬輛台階，2009 年中國汽車產銷量躍居世界第一，2010 年、2011 年汽車產銷量連續兩年超過 1800 萬輛，不斷刷新全球汽車產銷紀錄。2011 年中國汽車產銷分別達到 1841.89 萬輛和 1850.51 萬輛，較 2001 年增長了 6.87 倍和 6.83 倍；汽車產量占全球的比重達到 23%。同時，中國積極推動汽車節能環保技術發展和應用，推動汽車工業節能減排。「十一五」期間，汽車排放達到國三標準，乘用車整體油耗水平比 2002 年下降 15%左右。到 2011 年底，25 個示範試點城市累計示範推廣使用節能與新能源汽車超過 1.5 萬輛。2012 年 7 月，國務院頒布了《節能與新能源汽車產業發展規劃（2012—2020 年）》，明確了節能與新能源汽車產業發展的技術路線、發展目標、主要任務和政策措施。2012 年汽車產銷 1927.18 萬輛和 1930.64 萬輛，同比分別增長 4.63%和 4.33%。連續 4 年蟬聯世界第一。2013 年上半年，汽車產銷量均突破 1000 萬輛大關，分別達到 1075.17 萬輛和 1078.22 萬輛，同比分別增長 12.8%和 12.3%。

▲ 二〇一四年四月，消費者在江西九江市第五屆汽車展覽交易會上選購汽車。

石油和化學工業

2012 年石油和化學工業受到如下因素影響：經濟下行壓力加大，內外需減弱；自主創新能力不強，缺乏新的投資增長點；過剩行業仍在擴大產能，同質化產品市場競爭激烈。石油和化學工業經濟運行基本保持平穩，但是增速下滑，行業主營業務成本增長高於主營業務收入增長 1.8 個百分點，財務費用同比增長 40.8%，成本居高不下，經濟效益降幅很大。石油和化學工業增加值同比增長（下同）8.29%，其中化工增長 12.1%；全行業規模以上企業累計實現主營業務收入 11.85 萬億元，增長 10.9%，其中化工為 7.08 萬億元，增長 12.7%；從業人數 680 萬，增長 3.1%。

▲ 二〇一〇年九月，上海一石化工業區鳥瞰。

2012 年全行業實現利潤總額 7980 億元，同比下降 0.7%，其中化工為 3848.9 億元，同比下降 4%。

2012 年，主要化學品總產量達 4.59 億噸，同比增長 8.0%。大部分產品增長平穩，農化產品產量增長較快，對保障國家糧食安全發揮了積極作用。2013 年上半年，石油和化學工業增加值同比增長 7.88%。

電子信息製造業

改革開放三十多年，中國電子信息製造業也得到快速發展，2002 年至 2011 年，中國規模以上電子信息製造業增加值從 2715 億元增至 16276 億元，十年間增加了六倍；銷售收入、實現利潤和稅金、及出口額年均增

▲ 2014 年 5 月，聯想集團發布截至 2014 年 3 月 31 日的 2013/14 財年業績報告，在該財年，聯想營收增長 14% 至 387 億美元；淨利 8.17 億美元，較上年增長 28.7%，二者均創歷史新高。

速都在 20%以上。2007 年，中國已成為世界電子信息產品第一製造大國，2011 年彩電、手機、計算機等主要電子產品產量占全球出貨量的比重分別達到 48.8%、70.6%和 90.6%，均名列世界第一。

受國際金融危機影響，2009 年電子信息製造業在新世紀首次出現負增長，成為國民經濟中受衝擊最明顯的行業。《電子信息產業調整和振興規劃》的出台，及時扭轉了電子信息製造業增速下滑趨勢，有效提升電子信息製造業內銷產值貢獻率，推動產業重新恢復到平穩增長的軌道。2011年，規模以上電子信息製造業增加值、投資增速分別高於工業平均水平 2

和近 20 個百分點，行業收入、利潤占全國工業比重分別達到 8.9%和 6.1%，電子信息製造業在工業中的支柱作用日益凸顯。在產業轉移及政策帶動產業布局優化調整的雙重作用下，中、西部地區電子信息製造業加速發展，有望形成新增長極。2011 年，中、西部地區規模以上電子信息製造業年銷售產值分別同比增長 63.1%和 74.3%，比全國平均增速高 42 和 53.2 個百分點，已連續 4 年增速顯著高於東部地區。

2012 年 1—11 月分，中國電子製造業增加值同比增長 11.6%，增速同比回落 4.3 個百分點；但利潤率仍處較低水平。1—10 月分，電子製造業實現利潤同比增長 10%，增速比前三季度加快 4.3 個百分點；主營業務收入利潤率僅為 3.1%，比全部規模以上工業企業低 2.36 個百分點，企業虧損面達 24.7%。2013 年國際經濟形勢依然複雜，世界經濟復甦缺乏動力，在日趨激烈的市場競爭中，長期處於產業鏈中低端的中國電子製造業所面臨的發展環境仍然嚴峻。

第三產業的發展

第三產業發展與結構變化

第三產業的興旺發達，是現代經濟的一個重要特徵。中國第三產業在國民生產總值中的比重，大大低於發達國家和許多發展中國家。新世紀以

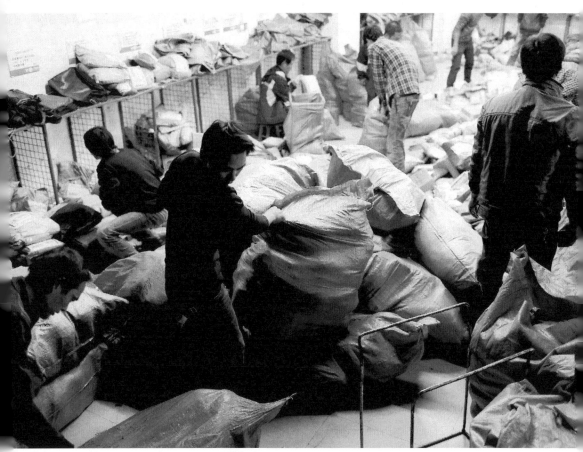

▲ 二〇一三年十一月，上海快遞業務迎來旺季，其繁忙程度不亞於交通運輸業的「春運」。

來，中共中央、國務院十分重視第三產業的發展，陸續出台支持現代物流業、高技術服務業、節能服務業、家庭服務業、文化產業、體育產業發展的政策措施，從財稅、信貸、土地和價格等方面不斷深化、細化和完善促進服務業發展的政策體系，重點從加快推進服務領域改革，加大政策扶持力度，拓寬投融資渠道，加大對服務業的投入力度，不斷優化服務業發展環境等方面，有力地促進了服務業快速發展。2002—2012 年，第三產業保持了較快發展態勢，第三產業增加值年均增長 20%，占國內生產總值的比重從 2002 年的 33.7%提高到 2012 年的 44.6%，提高 10.9 個百分點。

2003—2011 年，交通運輸、批零貿易、餐飲等傳統服務業增勢平穩，為增加就業、方便群眾生活發揮了重要作用。交通運輸、倉儲和郵政業增加值年均增長 9.3%，占第三產業增加值比重由 15.0%下降至10.7%。批發和零售業增加值年均增長 13.7%，占第三產業增加值的比重由 20.0%上升至 21.5%。金融保險、房地產、信息諮詢、電子商務、現代物流、旅遊等現代服務業實現高速增長，大大提高了服務業的整體質量和水平。2003—2011 年，金融業增加值年均增長 13.7%，在第三產業增加值中所占比重由 9.2%上升為 11.8%，提高了 2.6 個百分點。房地產業增加值年均增長 10.0%，所占比重由 10.7%上升為 13.0%，提高了 2.3 個百分點。第三產業就業人員從 2002 年的 20958 萬人增加到 2011 年的 27282 萬人，年均增加 702.7 萬人，年均上升 0.8 個百分點。通過歷史比較，可以發現，交通運輸、倉儲和郵政業增加值占第三產業的比重有不斷降低的趨勢，而房地產業和金融業增加值占第三產業的比重有不斷上升的趨勢。

主要產業發展情況

交通運輸業

交通運輸能力持續增強。鐵路迎來了史無前例的跨越式發展，高速鐵路從無到有飛速發展，生產出時速高達三百五十公里的動車組，標誌著中國鐵路運輸達到國際先進水平。「五縱七橫」國道主幹線和西部開發八條

▲ 在京滬高鐵的帶動下，沿線中間城市成為承接「長三角」和「環渤海」兩大經濟區產業轉移的新平台。

公路幹線建成。2012 年底，全國公路總里程達 423.75 萬公里，比上年末增加 13.11 萬公里。公路密度為 44.14 公里／百平方公里，提高 1.37 公里／百平方公里。其中，高速公路網絡更加完善。全國高速公路里程達 9.62 萬公里，比上年末增加 1.13 萬公里。全國高速公路車道里程 42.46 萬公里，增加 4.87 萬公里。全國鐵路營業里程達到 9.8 萬公里，居世界第二位；高鐵運營里程達到 9356 公里，居世界第一位。目前中國鐵路完成的旅客周轉量、貨物發送量、貨物周轉量、換算周轉量居世界第一位。共有定期航班航線 2457 條，按重複距離計算的航線里程為 494.88 萬公里，按不重複距離計算的航線里程為 328.01 萬公里。

2012 年全年貨物運輸總量 412 億噸，比上年增長 11.5%。貨物運輸周轉量 173145 億噸公里，增長 8.7%。全年規模以上港口完成貨物吞吐量 97.4 億噸，比上年增長 6.8%，其中外貿貨物吞吐量 30.1 億噸，增長 8.8%。規模以上港口集裝箱吞吐量 17651 萬標準箱，增長 8.1%。全年旅客運輸總量 379 億人次，比上年增長 7.6%。

旅客運輸周轉量 33369 億人公里，增長 7.7%。年末全國民用汽車保有量達到 12089 萬輛（包括三輪汽車和低速貨車 1145 萬輛），比上年末增長 14.3%，其中私人汽車保有量 9309 萬輛，增長 18.3%。民用轎車保有量 5989 萬輛，增長 20.7%，其中私人轎車 5308 萬輛，增長 22.8%。

郵政通信業

郵電通信業蓬勃發展。2003-2011 年，全國郵電業務總量年均增長 23.2%。傳統業務繼續發展，移動電話用戶數快速增加。2011 年，固定電話年末用戶達到 28510 萬戶，比 2002 年增長 33.1%；移動電話年末用戶達到 98625 萬戶，比 2002 年增長 3.8 倍。新興業務不斷發展壯大，快遞

▲ 二〇〇七年九月，鄭州街頭的中國聯通 CDMA 掌上股市展台吸引了消費者的目光。

等新興業務不斷湧現，3G 移動用戶迅猛發展，互聯網規模快速壯大。

　　2012 年全年完成郵電業務總量 15022 億元，比上年增長 13.0%。其中，郵政業務總量 2037 億元，增長 26.7%；電信業務總量 12985 億元，增長 11.1%。郵政業全年完成郵政函件業務 70.74 億件，包裹業務 0.69 億件，快遞業務量 56.85 億件。電信業全年局用交換機容量新增 478 萬門，總容量 43906 萬門；新增移動電話交換機容量 11234 萬戶，達到 182870 萬戶。年末固定電話用戶 27815 萬戶，其中，城市電話用戶 18893 萬戶，農村電話用戶 8922 萬戶。新增移動電話用戶 12590 萬戶，年末達到 111216 萬戶，其中 3G 移動電話用戶 23280 萬戶。年末全國固定及移動

電話用戶總數達到 139031 萬戶，比上年末增加 11896 萬戶。電話普及率達到 103.2 部／百人。互聯網上網人數 5.64 億人，居全球第一，其中寬帶上網人數 5.30 億人。互聯網普及率達到 42.1%。

旅遊業

五千年的中華文明和秀美山川，造就了中國得天獨厚的旅遊資源。經過改革開放 30 多年的發展，中國的旅遊市場規模已躍居世界前列，旅遊

▲ 二〇一四年五月十七日，廣西桂林市陽朔縣高田鎮龍潭村，幾名外國遊客在村裡的一戶農民家中吃農家飯。如今該村的民居旅遊、品果旅遊等旅遊每年吸引大量中外遊客慕名前來參觀覽勝。

業的巨大潛力正在逐步爆發，進入了快速發展的「黃金期」。國內旅遊人數從 2002 年的 8.8 億人次增加到 2011 年的 26.4 億人次。

2012 年旅遊業總收入約為 2.57 萬億元，全年國內出遊人數 29.6 億人次，比上年增長 12.1%；國內旅遊收入 22706 億元，增長 17.6%。入境旅遊人數 13241 萬人次，下降 2.2%。其中，外國人 2719 萬人次，增長 0.3%；香港、澳門和台灣同胞 10521 萬人次，下降 2.9%。國際旅遊外匯收入 500 億美元，增長 3.1%。國內居民出境人數 8318 萬人次，增長 18.4%。其中因私出境 7706 萬人次，增長 20.2%，占出境人數的 92.6%。

2012 年中國成功舉辦「俄羅斯旅遊年」，225 項活動順利完成。制定新形勢下旅遊市場宣傳推廣工作意見。組織參加 23 個國際重大旅展和 8 項境外專項推廣活動。在北京市成立的世界旅遊城市聯合會，成為全球第一個以城市為主體的國際旅遊組織。啟動天津等 10 個城市赴台個人遊試點，將赴金馬澎地區個人遊範圍擴大至海西地區所有城市，新增赴台遊組團社 52 家。全年大陸居民赴台旅遊超過 197 萬人次，同比增長 58%。

2013 年，中國旅遊經濟持續平穩發展，旅遊市場繼續呈現「兩增一平」的態勢：國內旅遊市場保持增長，出境旅遊市場較快增長，入境旅遊市場小幅下降。

文化產業

文化事業進一步加強，公共文化服務體系建設進入快速、穩定的重要發展期。2012 年末全國文化系統共有藝術表演團體 2089 個，博物館 2838 個，全國共有公共圖書館 2975 個，文化館 3286 個。各類廣播電視播出機構共有 2579 座。有線電視用戶 2.14 億戶，有線數字電視用戶 1.43 億戶。年末廣播節目綜合人口覆蓋率為 97.5%；電視節目綜合人口覆蓋率為

▲ 二〇一四年五月十八日，深圳，第十屆中國（深圳）國際文化產業博覽交易會舉行。

98.2%。全年生產電視劇 506 部 17703 集，電視動畫片 222838 分鐘。全年生產故事影片 745 部，科教、紀錄、動畫和特種影片 148 部。出版各類報紙 476 億份，各類期刊 34 億冊，圖書 81 億冊（張）。年末全國共有檔案館 4107 個，已開放各類檔案 11662 萬卷（件）。

體育事業不斷進步，2012 年中國運動員在 24 個運動大項中獲得 107 個世界冠軍，共創 14 項世界紀錄。在倫敦奧運會上，中國運動員共獲得 38 枚金牌，獎牌總數 88 枚，位列奧運會金牌榜和獎牌榜第二位。在倫敦殘奧會上，中國運動員共獲得 95 枚金牌，蟬聯金牌榜和獎牌榜第一位。

中國文化產業增加值在 2010 年超過 1 萬億元，達到 11052 億元，占同期 GDP 的 2.75%。「十一五」期間，文化產業增加值年均增長速度在

20%以上，在國民經濟中所占比重逐步增加。2011 年文化產業法人單位增加值達 13479 億元，占 GDP 比重達 2.85%；文化產業法人單位增加值占 GDP 比重從 2004 年的 1.94%增至 2011 年的 2.85%，年平均增長 23.35%。2012 年中國文化產業增加值達到 16000 億元左右，維持 18％至 20％的年均增速。中共十八大報告提出，要推動文化產業快速發展，到 2020 年全面建成小康社會，文化產業成為國民經濟支柱性產業。

軟件業

軟件產業是國民經濟和社會發展的基礎性、先導性、戰略性和支柱性產業，對經濟社會發展具有重要的支撐和引領作用。發展和提升軟件和信息技術服務業，對於推動信息化和工業化深度融合，培育和發展戰略性新興產業，加快經濟發展方式轉變和產業結構調整，提高國家信息安全保障能力和國際競爭力具有重要意義。2000 年以來，國務院先後發布了《鼓勵軟件產業和集成電路產業發展的若干政策》和《進一步鼓勵軟件產業和集成電路產業發展的若干政策》，從財稅、投融資、研究開發、進出口、人才、知識產權、市場等方面給予了較為全面的政策支持。「十一五」以來，工業和信息化部充分發揮規劃對軟件產業的引導作用，及時制定和發布了《軟件和信息技術服務業「十二五」發展規劃》《信息安全產業「十二五」發展規劃》。經過全行業的共同努力，中國軟件和信息技術服務業步入新的快速發展階段，初步形成了較為完整的技術和產業體系。「十一五」期間實現平均增速 4.4 個百分點，2011 年，中國軟件產業實現業務收入超過 1.84 萬億元，產業規模是 2005 年的 4.7 倍，軟件產業占電子信息產業比重從 2000 年的 5.8%上升到 19.9%。軟件企業數量超過 3 萬家，從業人數超過 300 萬人。

表 3-4　二○一二年中國軟件企業十大品牌排名

1	華為HUAWEI	華為技術有限公司，成立於一九八八年中國深圳，全球領先的電信解決方案供應商之一，員工持股的民營科技公司。
2	中興ZTE	中興通訊股份有限公司，全球領先綜合通信解決方案提供商，高科技通信設備主導供應商，十大 IT 軟件品牌。
3	神州數碼	神州數碼控股有限公司，中國十大軟件企業，最佳整體解決方案提供商，最佳 IT 服務管理提供商。
4	海爾Haier	海爾集團公司，亞洲企業二百強，海爾是世界白色家電第一品牌、中國最具價值品牌之一。
5	方正FOUNDER	北大方正集團有限公司，國內最有影響力的高科技上市企業之一，國有大型企業集團，國家技術創新試點企業之一。
6	熊貓	熊貓電子，中國十大軟件企業，國家重點高新技術企業，國有綜合性大型電子企業。
7	浙大網新	浙大網新科技股份有限公司，中國信息技術諮詢服務領先者，中國電子信息百強，全球 IT 服務百強。
8	浪潮	浪潮集團有限公司，中國最早的 IT 品牌之一，中國企業五百強，國家重點實驗室，國家級企業技術中心。
9	東軟Neusoft	東軟集團股份有限公司，中國最大的 IT 解決方案與服務供應商之一，國家數字化醫學影像設備工程技術研究中心。
10	清華同方	同方股份有限公司，世界品牌五百強企業，國家高新技術企業，中國科技百強，行業影響力品牌。

二○一二年中國軟件產業共實現軟件業務收入 2.5 萬億元，同比增長 28.5%。二○一三年上半年，中國軟件產業實現軟件業務收入 1.39 萬億元，同比增長 24.5%。

房地產行業的發展及調整

一九七八年以後，國家以經濟建設為中心，中國的房地產市場才開始

真正的發展起來。一九九八年《國務院關於進一步深化城鎮住房制度改革，加快住房建設的通知》，使住房制度改革取得了突破性的進展；為應對一九九八年亞洲金融危機的衝擊，中國政府提出，將住宅建設發展成為新的經濟增長點，房地產業進入了高速發展的時期。同時，國家出台一系列政策規範調控房地產行業的發展。二〇〇四年房地產市場化進程進一步加快，企業數量迅速增加，企業規模不斷擴大，萬科、合生創展、保利房

▲ 二〇一二年七月，市民在河南洛陽市某樓盤售樓部看盤商議。

地產、恆大等一大批房地產龍頭企業崛起，成為推動中國房地產發展的主要力量。2003—2011 年，第三產業中，房地產開發累計完成投資 261377 億元，年均增長 25.8%。房地產業增加值年均增長 10%，所占比重由 10.7%上升為 13%，提高了 2.3 個百分點。

2012 年房地產業固定資產投資 92357 億元，占全社會固定資產投資的 24.6%。2012 年全年房地產開發投資 71804 億元，比上年增長 16.2%。其中，住宅投資 49374 億元，增長 11.4%；辦公樓投資 3367 億元，增長 31.6%；商業營業用房投資 9312 億元，增長 25.4%。全年新開工建設城鎮保障性安居工程住房 781 萬套（戶），基本建成城鎮保障性安居工程住房 601 萬套。

房地產業的蓬勃發展，在擴大內需、拉動經濟增長、擴大就業等方面起到了積極的作用，但是房地產業高速發展的同時也存在房價過高、帶來金融泡沫的隱患。同時，不斷上漲的住房價格也成為困擾社會發展的難題，住房成為社會普遍關注的焦點。2010 年以來，中國加大了對房地產市場的調控措施，在遏制房價過快增長方面取得了初步成效。從宏觀上講，中國政府對於房地產政策將繼續鞏固已有的調控成果，抑制投機性需求仍將是房地產調控的中心任務。2013 年政府出台「國五條」政策措施，以期遏制房價上漲過快的趨勢。

第四章

中國經濟的對外開放

隨著改革開放的深入與經濟全球化的推進，中國經濟逐步融入世界經濟。全方位、多層次、寬領域的對外開放格局逐步形成，中國逐步走上開發兩個市場、利用兩種資源、積極參與國際經濟活動的道路。尤其是中國加入 WTO 之後，更是成為世界經濟大家庭中不可缺少的重要成員。中國對外經濟活動不管從規模還是範圍來看都有長足發展，雖然在上世紀八〇年代曾出現過逆差，但隨著對外開放的不斷深入，中國廉價勞動力的比較優勢不斷凸顯，貿易順差不斷擴大。一九九九年中國出口位居世界第九位，到二〇〇九年已經超過德國位居世界第一。中國進出口結構也有所優化，中國在改革開放之初，出口的多為初級產品，附加值不高，而隨著世界產業轉移與中國積極參與國際分工的努力，近十多年來中國工業製成品出口較大幅度增加，逐漸在機電產品及高科技領域掌握了一部分國際領先的技術，中國逐漸成為「世界工廠」。二十一世紀以來，企業「走出去」逐步成為中國新時期融入世界經濟的重要步驟，為搶占國際競爭的制高點作出了突出的貢獻。

▲ 二〇一二年五月二十三日，第十五屆中國北京國際科技產業博覽會，人們在觀摩安川首
鋼機器人有限公司的 Motoman 機器人系列。

　　但是，隨著國際經濟發展變化，特別是二〇〇八年國際金融危機以
來，中國依靠出口拉動經濟增長的因素受到了挑戰；同時，中國對外經濟
活動中長期存在的「雙順差」也給人民幣升值帶來巨大的壓力。自二〇〇
五年七月匯率改革之後，二〇一〇年六月中國重啟匯改，人民幣進一步升
值，給中國國民經濟發展帶來重要影響。二〇一三年，由於發達經濟體量
化寬鬆政策仍在延續，人民幣仍有進一步升值的空間。

中國的對外開放政策和加入國際經濟組織

經濟全球化和區域化是世界經濟發展的大趨勢，任何國家若要經濟發展，都不能離開這個趨勢。中國作為一個發展中的大國，也必然會順應這個歷史趨勢，不斷融入到世界經濟發展中。中國的發展離不開世界，世界的發展也離不開中國。

中國成為世界大家庭中不可缺少的重要一員的夢想，早在孫中山推翻帝制、建立民國的時候就開始了。一九四九年中華人民共和國的建立，實現了中國的國家獨立並贏得了世界人民的尊重。但是由於冷戰的關係，中華人民共和國長期不為以美國為首的西方資本主義世界所承認。二十世紀七〇年代以後，隨著世界政治格局的變化，中國恢復了在聯合國的合法席位，並相繼與主要西方國家建立了外交關係。一九七一年，中國恢復聯合國的合法席。但由於長期以來受國際環境制約和蘇聯社會主義經濟理論的影響，中國一直把對外貿易看作是社會主義擴大再生產的補充手段，將其侷限於互通有無、調劑餘缺，從而影響了充分利用國際分工和交換，即充分利用國外資源和國外市場來加快國內經濟發展。一九五三年至一九七八年，中國出口額占世界出口總額的比重由百分之一點二三下降至百分之零點七五，在世界上所占位次由第十七位後移至第三十二位。

一九七八年中共十一屆三中全會以後，中共中央通過總結中外經驗教訓和科學分析國內外形勢，開始把對外開放作為基本國策。一九七九年七月中國決定在深圳、珠海、汕頭和廈門試辦特區，一九八〇年五月正式將「特區」定名為「經濟特區」，把充分利用國際市場、充分利用外國資源

▲ 二〇一四年一月，中國（上海）自由貿易試驗區。中華人民共和國國務院二〇一三年八月正式批准設立中國（上海）自由貿易試驗區。這是中國大陸境內第一個自由貿易區。

作為中國發展的基本方針。一九八一年十一月，五屆人大四次會議的政府工作報告首次提出要充分利用兩種資源和兩個市場來加快中國發展。此後，理論界圍繞「比較成本」和「國際分工」理論展開了熱烈討論。一九八四年，鄧小平又指出：「三十年的經驗教訓告訴我們，關起門來搞建設是不行的，發展不起來。」五月，中共中央、國務院批准進一步開放天津、上海、大連等十四個沿海港口城市。一九八五年二月，中共中央、國務院決定，在長江三角洲、珠江三角洲和閩南廈漳泉三角地區開闢沿海經濟開放區。一九八八年三月十八日，國務院召開沿海地區對外開放工作會議，部署實施沿海地區「兩頭在外」的外向型經濟發展戰略，並決定新劃入沿海開放區一百四十個市、縣。一九九二年一月十八日到二月二十一日

鄧小平視察南方並發表重要談話，科學總結了十一屆三中全會以來黨的基本實踐和基本經驗，明確回答了多年來困擾和束縛人們思想的許多重大認識問題。他提出，不堅持社會主義，不改革開放，不發展經濟，不改善人民生活，只能是死路一條。隨後中共中央政治局會議通過《中共中央關於加快改革，擴大開放，力爭經濟更好更快地上一個新台階的意見》。一九九三年十一月，中共十四屆三中全會通過《中共中央關於建立社會主義市場經濟體制若干問題的決定》，提出加快對外開放步伐，充分利用國際國內兩個市場、兩種資源，積極推進以質取勝和市場多元化戰略。一九九四年一月十一日國務院作出《關於進一步深化對外貿易體制改革的決定》。一九九七年九月，中國共產黨第十五次全國代表大會在北京舉行。大會對現代化建設事業跨世紀發展作出戰略部署。江澤民在報告中提出，對外開放是一項長期的基本國策，我們要以更加積極的姿態走向世界，完善全方位、多層次、寬領域的對外開放格局。一九九八年十二月，江澤民在紀念十一屆三中全會召開二十週年大會上總結：「歷史的事實已充分說明，中國的發展離不開世界，關起門來搞建設是不能成功的。實行對外開放，是符合當今時代特徵和世界經濟技術發展規律要求的、加快我國現代化建設的必然選擇，是我們必須長期堅持的一項基本國策。」

同時，中國政府審時度勢，認為和平和發展是世界的主流，中國應該抓住世界經濟發展的機會，積極引進技術和外資，發展自己的經濟，回歸到世界大家庭中，與世界大家庭中的每一個成員發展貿易。早在一九八〇年四月十七日，國際貨幣基金組織正式恢復中國的代表權。中國是世界銀行的創始國之一，一九八〇年五月十五日，中國在世界銀行和所屬國際開發協會及國際金融公司的合法席位得到恢復。一九八二年九月，中國提出

獲得關貿總協定觀察員資格的申請，並在當年十一月獲得批轉；一九八六年七月，中國提出恢復關貿總協定締約國地位的申請。經過十五年「復關」和「入世」談判，中國於二○○一年終於如願以償，成為世界貿易組織大家庭中的一員。

　　在積極參與經濟全球化的同時，中國也積極參與區域經濟組織，在地區經濟發展中發揮作用。一九九一年十一月，中國以主權國家身分，中華台北和香港（一九九七年七月一日起改為「中國香港」）以地區經濟體名義正式加入亞太經合組織，該組織作為亞太地區重要的經濟合作論壇，其宗旨即「為該地區人民的共同利益保持經濟的增長與發展；促進成員間經濟的相互依存；加強開放的多邊貿易體制；減少區域貿易和投資壁壘」。從中國加入亞太經合組織起，亞太經合組織便成為中國與亞太地區其他經

▲ 二○一一年三月一日，中國工商界紀念加入世界貿易組織十週年會議在京召開。

濟體開展互利合作、開展多邊外交、展示中國國家形象的重要舞台。中國通過參與亞太經合組織合作促進了自身發展，也為該地區乃至世界經濟發展作出了重要貢獻。二〇〇一年十月二十日，亞太經合組織第九次領導人非正式會議在中國上海成功舉行。會議通過了《亞太經合組織經濟領導人宣言》《上海共識》《數字亞太經合組織戰略》等重要文件，有力推動了中國與亞太經合組織有關成員雙邊關係的發展。二〇〇四年十一月，中國—東盟在老撾萬象簽署《貨物貿易協議》和《爭端解決機制協議》，中國—東盟全面啟動自由貿易區建設進程。

二〇〇五年九月十五日，中國國家主席胡錦濤在聯合國成立六十週年首腦會議上發表了題為《努力建設持久和平、共同繁榮的和諧世界》的重要講話。他指出，中國的經濟發展得益於全球和平與穩定，不會對國際社會構成威脅。中國將始終不渝地把自身的發展與人類共同進步聯繫在一起，既充分利用世界和平發展帶來的機遇發展自己，又以自身的發展更好地維護世界和平、促進共同發展。中國的發展不會妨礙任何人，也不會威脅任何人，只會有利於世界的和平穩定、共同繁榮。

面對二〇〇八年以來日益嚴峻的全球金融危機局面，中國向世界宣示了主張，傳遞了信心，促進了合作。二〇〇九年四月，在二十國集團領導人倫敦金融峰會上，胡錦濤主席提出了促進世界經濟增長四點建議，重申中國將積極參與應對國際金融危機的國際合作，為推動恢復世界經濟增長作出應有貢獻：「全球各國都處在世界經濟這條大船上，面對國際金融危機的狂風惡浪，只有大船上所有成員都齊心協力，同舟共濟，共克時艱，才能把世界經濟這艘大船平安地駛向彼岸，才能把國際金融危機帶來的不利影響減少到最低程度，盡早恢復世界經濟增長。」這是胡錦濤主席代表

▲ 二〇〇五年，聯合國成立六十週年首腦會議

▲ 二〇一三年四月六日，海南省瓊海市，在博鰲亞洲論壇二〇一三年年會上，海南省人民
政府舉行國際旅遊島建設新聞發布會。

中國發出的聲音。

　　二〇一三年四月八日，習近平在海南省博鰲同出席博鰲亞洲論壇二〇一三年年會的中外企業家代表座談，習近平表示，中國開放的大門不會關上。過去十年，中國全面履行入世承諾，商業環境更加開放和規範。中國將在更大範圍、更寬領域、更深層次上提高開放型經濟水平。中國的大門將繼續對各國投資者開放，希望外國的大門也對中國投資者進一步敞開。中國堅決反對任何形式的保護主義，願通過協商妥善解決同有關國家的經貿分歧，積極推動建立均衡、共贏、關注發展的多邊經貿體制。

▍中國的對外貿易

　　新世紀以來，經濟全球化得到深入發展，中國經濟也快速融入了世界經濟的發展。十年來，面對複雜多變的國內外形勢，中國緊緊抓住加入世界貿易組織的機遇，堅持擴大內需與穩定外需相結合，充分利用兩個市場、兩種資源，積極應對國際金融危機帶來的衝擊與挑戰，繼續推進對外開放，全面參與經濟全球化進程，對外貿易規模迅速擴大，吸收外資水平不斷提高，對外經濟合作步伐明顯加快，開放環境日趨優化。十年來，中國經濟與世界經濟的互動與依存不斷增強，國際地位和國際影響力得到明顯提高。

貨物貿易總額邁上了新台階

　　貨物貿易規模迅速擴大。新世紀以來是中國貨物貿易發展最快的十年。2002—2005 年，中國貨物進出口總額分別比上年增長 21.8％、37.1％、35.7％和 23.2％；2006—2007 年仍保持 23%以上的快速增長，2007 年出口總額突破 1 萬億美元，進出口總額首次邁上 2 萬億美元台階。2008 年國際金融危機爆發後，在世界經濟大幅下滑、國際市場需求嚴重萎縮的嚴峻形勢下，中國對外貿易經受住了金融危機的嚴峻考驗。2008 年進出口總額增長 17.9，其中，進口增長 18.5%，進口總額首次突破 1 萬億美元大關。2009 年進出口總額雖然下降 13.9%，但中國依然是全球對外貿易表現最好的國家或地區之一，降幅遠小於全球貿易降幅。2009 年中國出口總額躍居世界第一位，占全球出口比重由 2005 年的

▲ 二○一四年五月，繁忙的天津港北疆港區集裝箱碼頭。

7.3%提高到 9.6%；進口總額上升至世界第二位。2010 年中國進出口總額接近 3 萬億美元，達到 29740 億美元，增長 34.7%。其中，出口 15778 億美元，增長 31.3%；進口 13962 億美元，增長 38.8% ；進出口均比 2005 年增長 1.1 倍。2011 年中國進出口貿易再創佳績，總額首次突破 3 萬億美元大關，達 36421 億美元，增長 22.5%，其中，出口 18986 億美元，增長 20.3%；進口 17435 億美元，增長 24.9% 。

2012 年貨物進出口總額 38668 億美元，比 2002 年增長 5.2 倍。其中，出口 20489 億美元，增長 5.29 倍；進口 18178 億美元，增長 5.15 倍。進出口差額（出口減進口）2311 億美元，比 2002 年增加 2007 億美

▲ 二〇一四年四月二十四日，上海，中國（上海）國際技術進出口交易會（上交會），觀眾與新科技「零距離」接觸。

元。2002—2012 年，貨物進出口貿易年均增長 20%，其中，出口年均增長 20.2 %，進口年均增長 19.9%。在全球貨物貿易額僅增長 0.2%的情況下，2012 年中國貨物貿易額仍居全球第二位，占全球份額進一步提升。其中出口占全球比重為 11.2%，比上年提高 0.8 個百分點，連續四年居全球首位；進口占全球比重為 9.8%，比上年提高 0.3 個百分點，連續四年居全球第二。中國外貿發展不僅在國內經濟社會發展中發揮著重要作用，也為全球貿易增長和經濟復甦作出了積極貢獻。

進出口貿易方式發生積極變化。新世紀以來，中國不斷加大對外貿易結構調整和轉型升級力度，進出口貿易方式發生積極變化。2002—2012 年，一般貿易進出口年均增速達到 22.4%，大大超過加工貿易 16%的年均

增速。2012 年，一般貿易進出口達 20098 億美元，比 2002 年增長 6.57 倍，占進出口總額的比重由 2002 年的 42.7%提高到 52%；加工貿易進出口為 13440 億美元，比 2002 年增長 3.4 倍，占進出口總額的比重由 2002 年的 48.7%下降到 34.7%。

進出口商品結構進一步優化。中國出口商品結構在 20 世紀 80 年代實現了由初級產品為主向工業製成品為主的轉變，到 90 年代實現了由輕紡產品為主向機電產品為主的轉變。新世紀以來，以電子和信息技術為代表的高新技術產品出口比重不斷擴大。2012 年機電產品出口占出口總額的比重由 2002 年的 46.6％提高到 57.6％；高新技術產品出口占出口總額的比重由 2002 年的 20.8％提高到 29.3％；「兩高一資」產品出口繼續下降，其中煤和成品油出口量分別下降 36.8％和 5.5％。高耗能和高排放產品出口得到有效控制，汽車、船舶、飛機、鐵路裝備、通訊產品等大型機電產品和成套設備出口均有新的突破。從進口方面看，先進技術、設備、關鍵零部件進口持續增長，大宗資源能源產品進口規模不斷擴大。2012 年，機電產品、高新技術產品進口分別達到 7824 億美元和 5068 億美元，分別占進口總額的 43％和 27.9％，比 2002 年分別提高 4 倍和 5.12 倍。

形成了全方位和多元化進出口市場格局。改革開放後，中國全方位發展對外貿易，與世界上絕大多數國家和地區建立了貿易關係。貿易夥伴已經由 1978 年的幾十個國家和地區發展到目前的 231 個國家和地區。歐盟、美國、東盟、日本、金磚國家等成為中國主要貿易夥伴。新世紀以來，中國與新興市場和發展中國家的貿易持續較快增長。2003—2012 年，中國與東盟貨物貿易額占中國貨物貿易總額的比重由 8.8%提高到 10.0%，與其他 4 個金磚國家貨物貿易所占比重由 3.9%提高到 7.8%，與

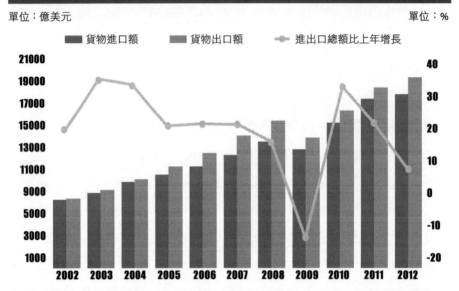

圖 4-1　2002-2012 年中國貨物貿易進出口情況

單位：億美元　　　　　　　　　　　　　　　　　　　　　　　單位：%

■ 貨物進口額　　■ 貨物出口額　　—●— 進出口總額比上年增長

▲ 數據來源：《中國統計年鑑：2012》和《中華人民共和國 2012 年國民經濟和社會發展統計公報》

拉丁美洲和非洲貨物貿易所占比重分別由 2.9%和 2.0%提高到 6.6%和 4.6%。

民營企業表現活躍，外商投資企業所占比重回落，國有企業進出口下降。2012 年，民營企業進出口 12210.6 億美元，增長 19.6%，高出外貿總體增速 13.4 個百分點，占進出口總額的 31.6%。外商投資企業進出口 18940 億美元，增長 1.8%，占進出口總額的 49%，較上年回落 2.1 個百分點。國有企業進出口 7517.1 億美元，下降 1.2%，占進出口總額的 19.4%。

從 2012 年貨物出口的主要地區和國家來看，美國，中國香港，東

盟、日本是出口的主要對象，2012 年貨物出口額占全年比分別為 9.05%、8.32%、5.26%和 3.9%。而從進口的角度來看，歐盟、東盟、日本、韓國成為中國大陸主要的貨物進口對象國，2012 年貨物進口額占全年比分別為 11.67%、10.772%、9.78%和 9.27%。從國內區域看，中西部地區進出口增長明顯快於東部。中西部地區進出口增長 20.8%，占進出口總額的比重為 12.7%，較上年提高 1.5 個百分點。其中出口增長 29.5%，重慶、安徽、河南和四川出口增速分別高達 94.5%、56.6%、54.3%和 32.5%。東部地區進出口增長 4.3%，其中廣東、江蘇、北京、浙江、山東分別增長 7.7%、1.6%、4.7%、0.9%和 4.1%，上海下降 0.2%。

服務貿易得到迅猛發展

新世紀以來，中國服務貿易保持穩健發展，貿易規模增長迅速，貿易結構逐步優化，國際地位不斷上升，已開始躋身服務貿易大國行列。旅遊、運輸等領域的服務貿易增勢平穩，建築、通訊、保險、金融、計算機和信息服務、專有權利使用費和特許費、諮詢等領域的跨境服務以及承接服務外包快速增長。

貿易規模增長迅速，服務貿易大國地位顯現。 2002 年—2012 年的 11 年間，中國服務貿易年均增長 20%。特別是 2005 年以後的增長速度更快，2005 年和 2008 年服務貿易的增長速度超過 30%，2007 年、2009 年和 2011 年的增長率也均超過 20%。增速比同期全球服務貿易進出口總額年均增速高 10 個百分點左右。近年來，中國服務貿易的世界排名基本保持每年上升一位的發展速度，2011 年中國服務進出口總量世界排名第四位，服務出口和服務進口分別位居世界第四和第三位。2012 年中國服務

▲ 二〇一四年五月三十一日，在中國（北京）國際服務貿易交易會上的京東展台。

進出口總額是 4705.8 億美元，比上一年增長 12.3%，超過世界服務進出口平均增幅 10.3 個百點，占世界服務貿易進出口總額的 5.6%，占中國對外貿易總額 10.8%，同比提升 0.5 個百分點。2012 年中國服務進出口總額從上年的居世界第四位上升了一位，位於美國和德國之後居第三位，出口居世界第五位，進口居世界第三位。

貿易結構有一定改善，部分高附加值服務進出口增速迅猛。「十一五」時期以來，計算機和信息服務、金融服務、諮詢等高附加值新興服務貿易快速起步，競爭優勢不斷提升，這一部分的進出口總額從 2005 年的 152.7 億美元上升到 2011 年的 646 億美元，年均增長 27.2%，占服務進出口總額的比重從 9.7%上升到 15.4%。運輸、旅遊、建築等傳統服務貿易穩步發展，規模優勢繼續鞏固，這一部分的進出口總額從 2005 年的 991.4 億

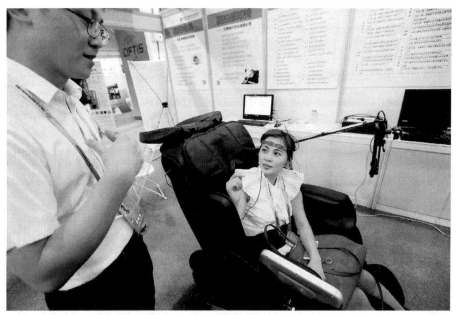

▲ 二〇一四年五月，北京，為期五天的第三屆中國（北京）國際服務貿易交易會（京交會）
在北京國家會議中心舉行。

美元上升到 2011 年的 2555.2 億美元，年均增長 17.1%。重點領域服務出
口成效顯著，文化出口能力進一步增強。2003-2011 年，建築服務出口增
長 10.8 倍，順差增長 36.9 倍；計算機和信息服務、諮詢出口分別增長了
18 倍和 21.2 倍，年均分別增長 38.7%和 41.1%；文化、廣播影視、教
育、中醫藥服務等服務出口潛力得到進一步發掘。

　　但由於中國服務貿易起點低、底子薄，仍處於發展的初級階段，總體
水平與發達國家相比差距較大。2006-2012 年間，中國服務貿易額占貿易
總額（貨物和服務進出口總額之和）的比重一直在 10%左右，2012 年這
一比重為 10.54%，同期世界服務貿易占貿易總額之比在 20%左右。從中
國服務貿易總額占世界服務貿易總額的比重來看，水平也較低，2012 年

該比值僅為 5%左右，同期中國貨物進出口總額占世界貨物進出口總額的比重則超過 20%。中國服務貿易長期處於逆差狀態，特別是 2012 年的逆差額高達 895 億美元，比上年增加了 62%。從服務貿易結構看，中國傳統服務貿易比重偏大，運輸、旅遊、建築等傳統服務貿易仍占據中國服務貿易的主導地位。以 2011 年和 2012 年為例，上述三項服務貿易額占中國服務貿易的比重分別為 60.7%和 62%。儘管近年來中國在計算機和信息服務、保險服務、金融服務、諮詢服務等高附加值服務貿易出口方面的出口增長較快，但其占服務進出口總額中的比重仍然偏低，2011 年和 2012 年上述四項服務貿易額占中國服務貿易的比重僅為 20.7%和 20.8%。

從貿易國別地區情況來看，2012 年中國香港、歐盟、美國、東盟和

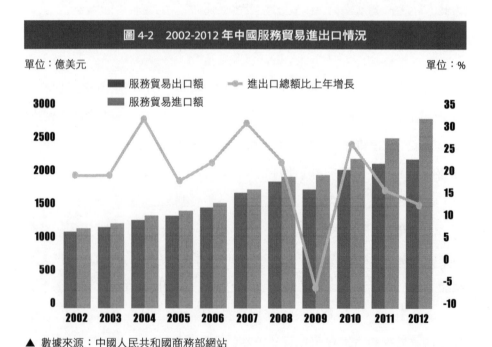

圖 4-2　2002-2012 年中國服務貿易進出口情況

單位：億美元　　　　　　　　　　　　　　　　　　　　　　　　　單位：%

■ 服務貿易出口額　　　　● 進出口總額比上年增長
■ 服務貿易進口額

▲ 數據來源：中國人民共和國商務部網站

日本是中國前五大服務貿易夥伴，中國與上述國家和地區實現進出口服務總額超過了 3100 億美元，占中國服務進出總額的 2／3。香港繼續成為最大服務出口目的地、進口來源地和順差來源地。中美雙邊服務貿易保持較快增長，中美服務貿易總額為 415 億美元，比上年增長 9.2%。其中，中國對美出口 122.8 億美元，同比增長 8.4%；自美進口 292.3 億美元，同比增長 9.5%。中美服務貿易逆差規模繼續擴大，由上一年的 153.7 億美元增至 169.5 億美元，同比增長 10.3%。從服務貿易的國內區域布局來看，2012 年中國服務進出口仍然集中在東部省分，其中京、滬、粵三地服務進出口總額超過其他省分；中西部地區的江西、雲南、貴州、寧夏等省區的服務進出口增幅顯著，都在 40%以上；湖北、陝西、新疆、廣西、內蒙、河南等省區服務進出口保持了較快增長，增速都超過了 20%。

中國對外經濟的「雙順差」與人民幣升值

　　經濟全球化的浪潮日漸加強，把各國的經濟捲入一個統一體。中國經濟在全球化的軌道上大步前行，越來越多的企業開始走出國門，尋找新的市場機會。而憑藉廉價的勞動力比較優勢的「中國製造」已經遍及全球，大量外資流入中國，導致了中國對外經濟的「雙順差」。而外匯儲備過高、外貿依存度過大以及外貿糾紛成為中國難以迴避的問題。

　　「雙順差」指的是國際收支經常項目、資本和金融項目都呈現順差。其中，國際收支經常項目指貨物進出口收支、服務收支、收益項目收支、經常轉移收支等項目。資本和金融項目指各種形式的投資項目，如直接投資、證券投資等。

　　中國進入 WTO 後，比較優勢凸現，經常項目保持較大的順差。2009

年雖然在金融危機的衝擊下，出口有所下降，但是 2010 年再創新高，達 19468 億美元。出口與進口差額達 3054 億美元。從差額的角度來看，2010 年比 2009 年有所上升，但是仍然沒有恢復到 2008 年水平。經常項目中，貨物和服務差額占了很大比重。2011 年中國繼續出現雙順差，但是差額的幅度都有縮小。2012 年中國進出口差額 2311 億美元，比上年增加 762 億美元。其中，2012 年中美雙邊貿易總值為 4846.8 億美元，增長 8.5%。對美貿易順差 2189.2 億美元，擴大 8.2%。對歐貿易順差 1219.4 億美元，收窄 15.8%。2013 年上半年中國貿易順差 6770 億元人民幣（折合 1079.5 億美元）。

雖然中國經常項目長期順差，但是中國的服務業卻處於逆差。自 1995 年以來，中國服務貿易一直保持逆差，而且逆差規模有不斷擴大的趨勢。2011 年，中國服務貿易進出口總值為 4191 億美元，其中進口 2370 億美元，出口 1821 億美元，逆差 549 億美元，逆差占出口比重 30%多。2012 年中國服務貿易出口額為 1910 億美元，比上年同期增長 4.5%；進口達到 2805 億美元，增長 17.8%。貿易逆差額高達 896 億美元，比上年增長 62.3%，創歷史新高。運輸業和旅遊業占中國服務業中的較大部分，但在 2011 年兩者都保持較大逆差。

從產業結構的角度來看，支持中中國長期順差的主要是以工業製成品為代表的第二產業，而第一產業中的初級產品與第三產業中的服務業都處於逆差狀態。這說明了中國第二產業的國際競爭能力，而另一方面也說明了中國第三產業的發展還需加強。

外匯儲備是指一國政府所持有的國際儲備資產中的外匯部分，即一國政府保有的以外幣表示的債權。狹義而言，是指一個國家的外匯積累；廣

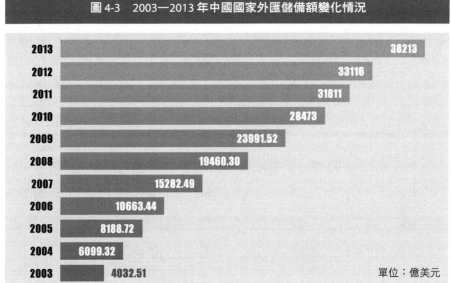

圖 4-3　2003—2013 年中國國家外匯儲備額變化情況

2013	38213
2012	33116
2011	31811
2010	28473
2009	23991.52
2008	19460.30
2007	15282.49
2006	10663.44
2005	8188.72
2004	6099.32
2003	4032.51

單位：億美元

▲ 數據來源：中國人民共和國商務部網站

義而言，是指以外匯計價的資產，包括現鈔、黃金、國外有價證券等。由於中國長期雙順差，外匯儲備不斷攀升。外匯儲備是一把雙刃劍，一方面它可以用於進口國內所需的物資並用於償還政府和私人部門所借的外債。而且外匯儲備還具有調節外匯市場、穩定金融秩序、增強國家信譽等功能。

　　另一方面，過高的外匯儲備是中國經濟內部結構失衡的表現，外匯儲備增長過快、規模過大有可能加劇國內物價上漲的壓力。外匯儲備還存在保值風險，外匯儲備規模越大，相應的風險也就越大。二〇一一年、二〇一二年在雙順差的影響下，中國外匯儲備繼續保持較高水平，但二〇一二年外匯儲備的增幅與二〇一一年相比有所下降。

而從外債情況來看，從上世紀九〇年代初到二〇〇八年不管是外債流入還是流出都有較大增長，而二〇〇九年兩者出現下降，但流入與流出的缺口增大。在外債結構中，短期外債所占比重不斷提高，一度超過占外債總餘額的比重的危險臨界點百分之六十。而短期外債激增意味著跨境資本流動規模增大，速度加快　，由此帶來的潛在風險不斷上升。這也意味著由於人民幣升值預期，大量的熱錢湧入國內，給中國經濟安全帶來隱患。二〇一一年中長期外債增長率有所上升，但短期外債增長率有所下降。

　　中國的「十二五」（2011-1015）規劃綱要明確提出，國際收支趨向基本平衡是「十二五」時期經濟社會發展的主要目標之一。如何通過調整經濟結構戰略性調整來平衡國際收支是中國面臨的新課題。

中國的吸引外資和對外投資

　　新世紀以來，中國吸收利用外資已從彌補「雙缺口」為主轉向優化資本配置、促進技術進步和推動市場經濟體制的完善，從規模速度型向質量效益型轉變，利用外資實現新發展，規模和質量得以全面提升。中國連續多年成為吸收外商直接投資最多的發展中國家，全球排名也上升至第二位。同時中國對外投資從無到有，「走出去」步伐不斷加快。

利用外資登上新台階

　　利用外資規模躍居全球第二位。二〇〇二到二〇一二年，中國非金融

▲ 二〇〇六年十一月，南京經濟貿易洽談會上中國歐盟商會與國內企業代表洽談項目引進。

領域實際使用外商直接投資累計達到 8808 億美元，年均增長 7.8%。2007年外商直接投資突破 700 億美元，2008 年直接跨上 900 億美元台階。即使是在國際金融危機衝擊較為嚴重的 2009 年，外商直接投資仍然超過900 億美元，降幅遠低於全球平均水平。2010 年，外商直接投資突破1000 億美元，達到 1057 億美元。2012 年實際使用外商直接投資達 1117億美元，中國吸引外國直接投資仍穩居全球第二，並連續 21 年位居發展中國家首位。

利用外資產業結構變化。新世紀以來，外商投資產業構成顯著改善，第三產業投資比例大幅提高。2003—2011 年，第三產業外商投資金額所占比重逐步提高，2011 年為 50.2%，比 2002 年提高 26.9 個百分點；第二產業所占比重則逐步下降，2011 年為 48.1%，比 2002 年下降 26.7 個百分點；特別是第一、三產業吸收外資投向現代農業、商貿服務和民生服務領

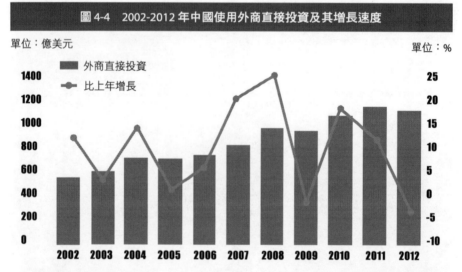

圖 4-4　2002-2012 年中國使用外商直接投資及其增長速度

單位：億美元　　　　　　　　　　　　　　　　　　　　單位：%

▲　數據來源：《中國統計年鑑：2012》和《中華人民共和國 2012 年國民經濟和社會發展統計公報》。

域的外資明顯增多。第二產業中，電子信息、集成電路、家用電器、汽車製造等技術資金密集型產業繼續發展，新能源、新材料、生物醫藥、節能環保等行業的外資日益形成規模。相關產業的核心競爭力也有了明顯提升。目前，跨國公司在華設立的研發中心已超過1400家，比2002年增長一倍以上。外資研發中心中，從事先導技術研究型的占50％以上，已超過從事市場調研型的比重；60%以上的研發中心將全球市場作為其主要服務目標。2012年服務業實際使用外資繼續超過製造業。服務業實際使用外資538.4億美元，同比下降2.6%，占全國總量的48.2%，超過製造業4.5個百分點。農林牧漁業實際使用外資20.6億美元，同比增長2.7%，占全國總量的1.9%。製造業實際使用外資488.7億美元，同比下降6.2%，占全國總量的43.7%。

利用外資方式多樣化。新世紀以來，中國利用外資方式呈現多樣化。利用外資的方式除了一、二、三產業的實體經濟之外，又穩步實施了合格境外機構投資者（QFII）制度，允許符合條件的境外機構投資者投資境內證券市場，促進境內證券市場開放。截至2010年底，共批准97家QFII機構，投資額度近200億美元。同時允許外資以併購方式參與國內企業改組改造和兼併重組，2006年中國頒布了《關於外國投資者併購境內企業的規定》，外資併購政策和環境進一步改善。

「走出去」戰略邁出新步伐

新世紀以來，中國深入實施「走出去」戰略，對外投資合作取得新發展，「走出去」的規模迅速擴大，「走出去」的層次、水平與效益進一步提高。2010年中國海外總投資額首次超過日本和英國，位居世界第五

位。截止到 2012 年末，中國累計非金融類對外直接投資已達到 3961 億美元。2012 年，中國非金融類對外直接投資達 772 億美元，比 2003 年增長 26 倍，年均增長 44%。

對外投資的領域不斷拓寬，對外投資的層次和水平不斷提升，呈現出市場多元化發展態勢。2011 年，中國對外投資已覆蓋 129 個國家和地區的 3000 多家企業，主要集中在亞洲和拉丁美洲地區的發展中國家。2011 年，亞洲占中國非金融類對外直接投資額的 65%左右，拉美占 19%左右，歐美、非洲和南太平洋市場的開拓也取得積極成效。

與此同時，對外經濟合作駛入良性發展的快車道，已形成一支門類比較齊全、具有較強國際競爭力的隊伍，業務範圍向技術性較強的領域不斷擴展，經濟效益和社會效益明顯提高。對外承包工程是國際經濟技術合作的重要組成部分，也是目前相對成熟的一種「走出去」參與國際競爭的方

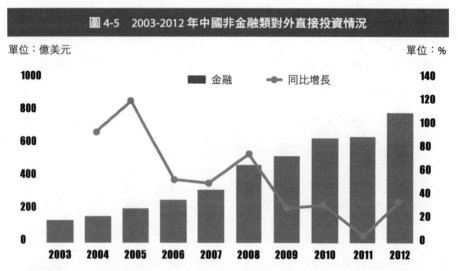

圖 4-5　2003-2012 年中國非金融類對外直接投資情況

▲ 數據來源：《中國統計年鑑：2012》和《中華人民共和國 2012 年國民經濟和社會發展統計公報》。

式。它對拉動經濟增長、緩解能源緊缺、促進國內產業結構調整和升級、擴大出口等方面均發揮著重要作用。2011 年中國對外承包工程新簽合同額上海、山東、廣東位居前列。2012 年，對外承包工程業務完成營業額 1166 億美元，比 2002 年增長 7 倍，年均增長 23.2%。此外，僅「十一五」時期累計派出各類勞務人員達 192 萬人，是「十一五」規劃目標的 1.5 倍。

中國企業走出去。全球化的浪潮席捲世界各國，推動了商品、資金、技術和勞務跨國流動，促進了資源的合理配置，增加了中國工業化發展的壓力，也讓不同制度、不同發展階段，不同文化背景的國家在一個相對統一的框架內進行競爭。在中國工業化尚未完成，大國經濟競爭激烈的背景下，如何能夠在全球化過程中，充分利用兩種資源、兩個市場，在激烈的國家競爭中立於不敗之地，國有企業的發展具有重要地位。中國 1978 年

▲ 二〇一四年四月三日，英國倫敦，中國三胞集團董事長袁亞非與福來莎百貨董事長唐‧麥卡錫簽署協議，確定收購其百分之八十九的股份，成為這家有一百六十五年歷史的連鎖百貨公司的新主人。這是中國民營企業首次在英國收購零售業品牌。

開始的改革開放在前 20 多年更多是依靠「引進來」，讓大量的外資流入國內，推動了經濟高速發展。21 世紀以來，隨著中國進入中等收入國家行列，推動經濟可持續發展，依舊任重道遠。按照世界發展規律，一國經濟要屹立於世界強國之林，「走出去」是必由之路。早在 20 世紀 50 年代，歐美國家就曾提出企業國際化經營的戰略，20 世紀 60 年代的日本、70 年代的亞洲四小龍也都紛紛提出了國家化戰略。當中國 90 年代末告別短缺經濟，21 世紀初加入 WTO 之後，面對中國融入世界的步伐加快，如何推動企業「走出去」、在國際舞台上占據新的制高點，成為中國面臨的新任務。

自 2002 年以來，中國非金融類對外直接投資進入持續快速增長期，並呈現出不斷加速趨勢，近十年年均複合增長率達到 38.5%，年同比增長率平均達到 43.1%。在國際金融危機發生的 2008 年，該類投資比 2007 年增長了一倍多，達到 559.1 億美元。2011 年中國境內投資者共對全球 132 個國家和地區的 3391 家境外企業進行了非金融類對外直接投資，累計實現直接投資 600.7 億美元，同比增長 1.8%。2012 年，中國境內投資者共對全球 141 個國家和地區 4425 家境外企業進行了非金融類直接投資，累計實現直接投資 772.2 億美元，同比增長 28.6%。

多雙邊經貿合作取得新成就

新世紀以來，中國積極拓展雙邊經貿關係，加快實施自由貿易區戰略，不斷深化多邊經貿合作。目前已累計建立了 160 多個雙邊經貿合作機制，簽訂了 150 多個雙邊投資協定，與美、歐、日、英、俄等均建立了經濟高層對話。與五大洲的 28 個國家和地區建設了 15 個自貿區，已簽署

10 個自貿協定。在推動多回合談判和貿易自由化的進程中發揮了建設性作用。與 APEC、10+1、10+3、中非合作論壇等區域經濟合作機制的合作日益深化。中國堅持「與鄰為善、以鄰為伴」方針，與周邊國家和地區建立和發展了多種形式的邊境經濟貿易合作。

自貿區建設對中國應對國際金融危機、實現對外貿易平穩較快增長發揮了積極作用。二〇一〇年，中國與十個自貿夥伴（包括東盟、巴基斯

▲ 二〇一三年四月，中國董氏集團在尼日利亞投資建設的冷軋鋼廠。

坦、智利、新加坡、新西蘭、祕魯、哥斯達黎加、香港和澳門地區、台灣地區）的雙邊貿易額達到了七千八百二十六億美元，占同期中國進出口總額的百分之二十六點三。其中，中國與東盟、智利、祕魯和新西蘭的雙邊貿易額增速分別高出同期進出口總額增速二點八、十點一、十三點七和八點三個百分點。

展望未來，中國推進對外開放的任務仍十分艱巨。中國要深入貫徹落實科學發展觀，適應對外開放由出口和吸收外資為主轉向進口和出口、吸收外資和對外投資並重的新形勢，實行更加積極主動的開放戰略，不斷拓展新的開放領域和空間，擴大和深化同各方利益的匯合點，完善更加適應發展開放型經濟要求的體制機制，有效防範風險，以開放促發展、促改革、促創新；努力發揮自身優勢，加強全方位國際合作，在更大範圍、更廣領域、更高層次融入世界經濟；應對世界經濟和貿易發展面臨的各種挑戰，推動對外開放平衡、協調和可持續發展。

第五章 居民就業、城市化和社會保障

近年來中國人口總量低速平穩增長，人口生育持續穩定在底水平，低增長與老齡化成為中國人口變化值得關注的兩大趨勢。在政府一系列積極就業政策的推動下，中國的就業形勢在近兩年出現了明顯的好轉，就業壓力逐步得到緩解，就業總量穩步增加，就業結構進一步優化，城鎮失業得到了有效控制，就業局勢整體上保持基本穩定。

隨著中國經濟的快速發展，居民可支配收入總額有了極大幅度的提高，但不同地區、不同行業之間的收入分配差距依然值得關注。隨著最低工資標準的調整、個稅改革方案的出台等一系列舉措的推出，政府已經將收入分配制度的改革與收入分配關係的合理調整提上議事日程。社會保障體系覆蓋範圍的不斷擴大。二〇一二年城鎮化率達到百分之五十二點五七，城市化進程的不斷加快對政府在發展公用事業、提供社會服務方面的能力提出了新的要求。

▌人口與就業：平穩增長與結構變化

人口：低增長與老齡化

　　中國是世界上人口最多的國家之一，占世界人口的比例長期保持在百分之二十左右。從上世紀七〇年代末開始，中國將人口問題放在國民經濟和社會發展的全局中謀劃，在城鄉全面推行計劃生育工作，人口數量得到效控制，實現了人口再生產類型從高出生、低死亡、高增長向低出生、低

▲ 中國現有老齡人口已超過一點六億，且每年以近八百萬的速度增加，養老問題日趨嚴峻。

死亡、低增長的歷史性轉變。中國總和生育率從 1970 年的 5.8 下降到 1995 年的 1.8 左右，自然增長率從 25.83 下降到 10.55 ；2005 年，人口自然增長率下降到 5.89 ，總人口控制在 13.1 億。2012 年末，中國人口出生率為 12.1 ，自然增長率為 4.95 ，全國總人口為 13.54 億。中國人口占世界人口的比重由 2002 年的 20.3%降至 2012 年的 19.12%，為世界人口的健康發展作出了積極貢獻。當前中國人口發展形勢總體是好的，但同時也正面臨著更為複雜的人口發展態勢，呈現出明顯的階段性特徵，也出現了一些新情況、新問題。

人口自然增長率不斷下降。1978 年中國的人口自然增長率為 12 ，20 世紀 80 年代中後期是改革開放以來的 30 餘年中人口自然增長較快的一個時期，其中 1987 年達到了 16.61 ，但此後人口自然增長率一直呈下降趨勢，2009 年開始低於 5 。2000—2010 年間，人口總量的年均增長率僅為

▲ 中國人口總量龐大，但已多年低速增長，有的地區甚至出現人口負增長。

5.7，比以往顯著下降。中國的人口自然增長率明顯低於其他發展中國家。2012 年該指標仍不足 5。

分地區看，東、中、西部仍然保持「東多西少」的人口格局。2011 年末，東部人口為 55445 萬人，占各省（自治區、直轄市）人口合計的 41.4%；中部人口為 42374 萬人，占 31.6%，西部人口為 36222 萬人，占 27%，西部地區人口增長略快於中部地區。

老齡化進程加速。20 世紀 50 年代第一次生育高峰出生人口相繼進入老年，「十二五」（2011—2015）期間中國 60 歲以上老年人口年均增長 800 萬以上，總量將突破 2 億。中國的 0—14 歲人口一直呈現出不斷下降的趨勢，而 65 歲以上人口比重則明顯增加。2011 年中國 65 歲以上人口比重已經達到 9.1%，比 2000 年的 7.0% 又高出 2 個百分點，2010 年中國的人口老少比高達 53.43%。從全國總人口的年齡結構來看，2002—2011 年，15—64 歲人口總量逐年增加，平均增長速度為 1.17%。2011 年全國

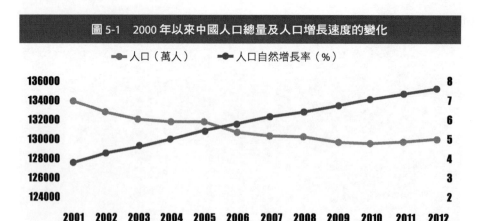

圖 5-1　2000 年以來中國人口總量及人口增長速度的變化

▲ 數據來源：《中國統計年鑑：2012》和《中華人民共和國 2012 年國民經濟和社會發展統計公報》。

15—64 歲人口首次超過十億，達到 100283 萬人，占總人口的 74.4%，比 2002 年增加了 9981 萬人，比重增加了 4.1 個百分點。2012 年末中國 15—59 歲（含不滿 60 週歲）勞動年齡人口 93727 萬人，比上年末減少 345 萬人，占總人口的 69.2%，比上年末下降 0.60 個百分點；60 週歲及 以上人口 19390 萬人，占總人口的 14.3%，比上年末提高 0.59 個百分 點。第五次全國人口普查顯示，2000 年中國 65 歲及以上人口已有 8821 萬，占總人口比例達到 7%。按照國際標準，中國 2000 年就已進入老齡 化社會。2012 年 65 歲及以上人口 12714 萬人，占總人口的 9.4%，比上 年末提高 0.27 個百分點。

城鎮人口歷史性超過農村人口。城鎮化率超過 50%，城鄉人口格局 正在發生根本性變化。隨著產業轉移的加快、中西部城市群的發展，人口 流動遷移呈現出新的特點，人口流向趨於多元化。2012 年城鎮人口比重 達到 52.57%，流動人口（人戶分離人口中不包括市轄區內人戶分離的人 口）為 2.36 億。

「十二五」時期是中國人口發展的重大轉折期，人口發展的機遇與挑 戰並存。一方面，經濟社會發展仍然面臨著人口總量持續增加的壓力，人 口對經濟社會、資源環境的影響更加突出；另一方面，人口各要素關係更 趨複雜，素質、結構、分布正在成為影響發展的主要因素。

就業：平穩增長與結構變化

就業是民生之本。為一切有勞動能力的人提供就業機會，是經濟發展 和社會進步的重要前提，也是各國政府的重要職責和使命。中國是一個人 口和勞動力大國，就業任務艱巨。中國政府高度重視解決就業問題，新中

▲ 北京企業的一次人力資源招聘會吸引眾多求職者前來。

國成立以來，積極探索適合中國國情的就業制度，完善促進就業的長效機制。特別是二〇〇二年以來，立足於解決下崗失業人員再就業問題，著眼於建立市場導向的就業機制，中國政府把擴大就業放在經濟社會發展的優先位置，在廣泛借鑑國際經驗的基礎上，制定實施了中國特色的積極就業政策，通過開發就業崗位、增加資金投入、給予稅費減免、實施小額貸款、提供社會保險補貼等措施，幫助下崗失業人員等就業困難群眾實現就業再就業。從二〇〇三年起，中國政府把城鎮新增就業人數和控制失業率列入宏觀調控的重要目標，層層落實目標責任制，建立了國務院就業工作部際聯席會議，完善了統一領導、分工協作的工作機制。二〇〇五年，針對新時期就業再就業工作的形勢和特點，對積極的就業政策進行了延續、擴展、調整和充實，配套出台了信貸、稅費、財政、社會保障以及勞動力市場管理服務等一系列專項政策措施，形成了一整套就業再就業政策體

系。二〇〇七年八月，中國頒布《就業促進法》，並於二〇〇八年一月一日實施，標誌著中國就業工作由政策扶持步入法制化、制度化軌道。在「十一五」期間中國繼續實施積極的就業政策，克服了國際金融危機對中國就業形勢的不利影響，保持了就業總量的穩步增加和就業結構的進一步優化，失業率也得到了有效控制，全國就業形勢整體上保持平穩。經過努力，中國就業規模不斷擴大，就業結構不斷優化，困難群眾就業得到有效幫扶，公共就業服務日益健全，職業培訓取得較大進展，保持了就業局勢的基本穩定。

就業規模不斷擴大，平穩增長

2012 年末，中國全國就業人數達到 76704 萬人，比 2002 年增加 3424

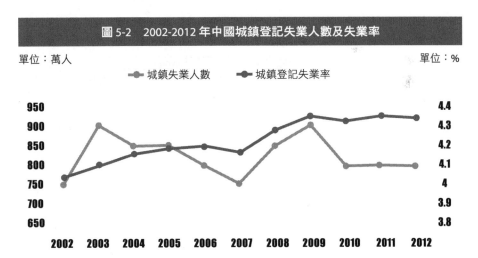

圖 5-2　2002-2012 年中國城鎮登記失業人數及失業率

▲ 數據來源：《中國統計年鑑：2012》和《中華人民共和國 2012 年國民經濟和社會發展統計公報》。

萬人，年均增加 342 萬人。其中，城鎮就業人數從 25159 萬人增加到 37102 萬人，增加 11943 萬人，年均增長 3.9%；鄉村就業人數從 48121 萬人減少到 39602 萬人，減少了 8519 萬人。隨著工業化和城市化進程的不斷推進，城鎮吸納就業的能力不斷增強。農民工數量不斷擴大，2012 年全國農民工總量達到 26261 萬人，比上年增長 3.9%。其中，外出農民工 16336 萬人，增長 3.0%；本地農民工 9925 萬人，增長 5.4%。

就業結構優化步伐明顯加快

隨著就業人員總量進入穩定增長期，城鎮就業比重迅速上升。隨著城市化和工業化進程的不斷推進，城鎮吸納就業的能力持續增強，有力地促進了鄉村富餘勞動力向城鎮地區的轉移。中國城鎮就業人員保持快速增長，城鎮就業人員占全國就業人員總量的比重從 2002 年的 34.3%上升到 2012 年的 48.3%，2012 年末城鎮登記失業人數為 917 萬人，城鎮登記失

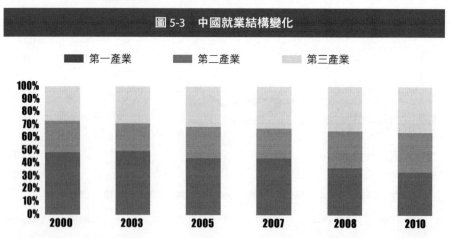

圖 5-3　中國就業結構變化

▲ 數據來源：《中國統計年鑑：2012》和《中華人民共和國 2012 年國民經濟和社會發展統計公報》。

業率為 4.1%。

隨著非農產業的迅速發展，中國二、三產業就業比重持續提高。中國第一產業就業人員從 2002 年的 36640 萬人減少到 2012 年的 25772 萬人，減少 10867 萬人；第二產業就業人員從 2002 年的 15682 萬人增加到 2012 年的 23241 萬人，增加 7559 萬人；第三產業就業人員從 2002 年的 20958 萬人增加到 2012 年的 27690 萬人，增加 6732 萬人。中國三次產業就業人員的比重由 2002 年的 50：21.4：28.6 轉變為 2012 年的 33.6：30.3：36.1。第一產業下降約 16.4 個百分點，第二產業上升 0.9 個百分點，第三產業上升 7.5 個百分點。

非公有制經濟就業人員大幅增加。隨著國家鼓勵非公經濟發展、多渠道開發就業崗位政策的實施，非公經濟在吸納就業方面的作用進一步增強。2011 年末，有限責任公司、股份有限公司以及外商和港澳台商投資企業等其他經濟類型單位就業人員 6536 萬人，比 2002 年增加 4359 萬人，年均增加 484.3 萬人；城鎮私營個體就業人員為 12139 萬人，比 2002 年增加了 7871 萬人，年均增加 874.6 萬人。新世紀以來，城鎮非公有制經濟共吸納就業 12230 萬人，年均增加超過 1300 萬人。非公有制經濟的發展，不僅為中國經濟的快速發展作出了重大貢獻，也成為緩解城鎮就業壓力、吸納農村富餘勞動力的重要途徑。

中國公共就業服務體系基本形成

中國初步構建了覆蓋中央、省、市、區縣、街道（鄉鎮）、社區（行政村）五級管理、六級服務的公共就業和人才服務網絡，免費為勞動者提供政策諮詢、就業信息發布、職業指導和職業介紹等就業服務。到 2011

年底，全國共有縣區以上公共就業服務機構 1 萬多個，街道、鄉鎮服務窗口 3.9 萬多個，覆蓋了 98%的街道和 96%的鄉鎮，7.8 萬個社區（占全部社區的 95%）和部分行政村聘請了專職或兼職的工作人員。2002 年以來，各級公共就業和人才服務機構累計為各類求職者成功介紹工作 17868.2 萬人次。各類職業培訓機構 26284 所，累計組織技能、轉崗、創業等各類培訓 9554 萬人次。截止到 2012 年底，全國縣以上政府部門設立公共就業和人才服務機構等各類服務行業達 2.8 萬家。各類人力資源服務機構以市場需求為導向，全年共為 1888 萬家次用人單位提供各類人力資源服務，不斷拓展人力資源服務領域，豐富了服務內容，提升了服務水平。

▲ 二〇一四年五月，北京什剎海景區內的「後海八爺」三輪車隊希望招到高學歷的徒弟，傳承老北京文化。

▲ 二〇一四年六月八日，在安徽省亳州職業技術學院，畢業生在招聘會上舉著另類應聘牌尋找工作。

　　面臨巨大的就業壓力，中國政府實施了更加積極的就業政策，採取多種措施努力擴大就業，同時加強了對失業的調控力度，積極穩妥地應對各種就業矛盾和國際金融危機對我國就業工作帶來的不利影響，保持了就業形勢的基本穩定。據統計，自二〇〇二年以來，中國城鎮登記失業率始終保持在百分之四到四百分之四點三的較低水平，城鎮登記失業人數維持在一千萬人以下，為創建和諧穩定的社會環境，推動經濟社會持續、穩定、健康發展發揮了重要作用。「十二五」時期，中國就業總量壓力將繼續加大，勞動者技能與崗位需求不相適應、勞動力供給與企業用工需求不相匹配的結構性矛盾將更加突出，就業任務更加繁重。

▎居民收入增長及分配格局的變化

　　經濟發展的最終目的是實現人民福利的改善，是讓所有人共享發展的成果。改革開放以來，中國的經濟發展取得了巨大的成就，居民可支配收入總額有了極大幅度的提高。新世紀以來，中國城鄉居民收入穩定增長。2012 年，城鎮居民人均可支配收入 24565 元，比 2002 年增長 2.19 倍；農村居民人均純收入 7917 元，比 2002 年增長 2.2 倍。城鄉居民收入年均增速超過 1979—2011 年 7.4%的年均增速，是歷史上增長最快的時期之一。居民生活質量明顯改善。2012 年，城鄉居民家庭恩格爾係數分別為 36.2%和 39.3%，分別比 2002 年降低了 1.5 和 6.9 個百分點。

　　但從長期來看，全國居民收入總量的增長是慢於經濟增長的。1979—

▲ 二〇一二年六月，山東濱州市鄒平縣九戶鎮農民在牧場擠奶。

2009 年的三十年間，中國居民可支配收入年均實際增長 9.5%，這比同期的經濟增長低了 0.4 個百分點，而農村居民純收入的增長速度尤其滯後，既低於同期的經濟增速，也低於同期的城鎮居民收入增速。城鄉收入差距、地區收入差距及行業收入差距依然嚴峻。中國堅持民生優先，把保障和改善民生作為一切工作的出發點和落腳點，逐步推進分配領域的各項改革，通過大力支持擴大就業，提高勞動工資最低標準，提高退休工資，不斷提高對低收入群體的轉移支付水平和覆蓋面，三次調高個人所得稅起征點等政策措施，千方百計拓寬增收渠道，提高居民收入水平。特別是把增加農民收入作為農村工作的中心任務，促進增產增收、優質增收、提價增收、務工增收、補貼增收，農民收入實現了連續多年較快增長。

城鄉居民收入分配

改革開放以來，除了最初的十餘年間，農村居民人均純收入的年均增速快於城鎮居民人均可支配收入年均增速外，其餘時間前者多明顯低於後者，這種狀況在「十一五」期間稍有改變。2002 年以來，中國城鄉收入比一直在「3」倍以上，2007 年城鄉居民收入差距擴大到改革開放以來的最高水平 3.33：1。從 2010 年開始，農村居民收入增速連續多年超過城鎮居民收入，2006—2010 年，農村居民人均純收入年均增長率為 8.9%，和城鎮居民人均可支配收入的年均增長率 9.7%開始逐步接近。而 2010 年、2011 年、2012 年，農村居民家庭人均純收入增速連續 3 年快於 GDP 增速和城鎮居民家庭人均可支配收入的增速。農村居民收入強勁的增長勢頭對於縮小城鄉收入差距具有積極的作用。城鄉收入比從 2009 年的 3.33 倍下降到 2010 年的 3.23 倍，2011 年再次下降到 3.13 倍。2012 年中國城鎮

▲ 二〇一一年六月，海南瓊海市嘉積鎮的兩位村民正運送蔬菜上市出賣。

居民人均可支配收入 24565 元，農村居民純收入 7917 元，城鄉居民收入比為 3.10:1，城鎮和農村居民的收入水平雖然仍保持「3」倍以上的差距，然而已經是十年來的最低值。2013 年上半年，城鎮居民收入和農村居民收入的倍數比是 2.83。

2012 年中國城鎮居民人均可支配收入為 24565 元，比上年實際增長 9.6%；城鎮居民人均可支配收入中位數為 21986 元，增長了 15%。城鎮居民食品消費支出占消費總支出的比重為 36.2%。在城鎮居民人均總收入中，工資性收入比上年名義增長 12.5%，經營淨收入增長 15.3%，財產性收入增長 8.9%，轉移性收入增長 11.6%。按城鎮居民五等份收入分組，低收入組人均可支配收入 10354 元，中等偏下收入組人均可支配收入 16761 元，中等收入組人均可支配收入 22419 元，中等偏上收入組人均可

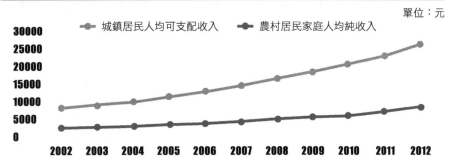

▲ 數據來源：《中國統計年鑑：2012》和《中華人民共和國 2012 年國民經濟和社會發展統計公報》。

支配收入 29814 元，高收入組人均可支配收入 51456 元。

2012 年大陸城鎮居民人均支配收入超過 3 萬元的有：上海（40188元）、北京（36469 元）、浙江（34550 元）、廣東（30226 元）4 個省級單位；20 個省級單位城鎮居民人均收入在 2—3 萬元之間；有 7 個省級單位低於 2 萬元。最低依次是甘肅（17237 元）、青海（17566 元）、黑龍江（17921 元）等。城鎮居民人均可支配收入增長較快的有新疆 15.5%、甘肅 15%。

2012 年全年農村居民人均純收入 7917 元，比上年名義增長 13.5%；扣除價格因素實際增長 10.7%，比上年回落 0.7 個百分點。其中，工資性收入比上年名義增長 16.3%，家庭經營純收入增長 9.7%，財產性收入增長 9.0%，轉移性收入增長 21.9%。農村居民人均純收入中位數 7019 元，名義增長 13.3%。按農村居民五等份收入分組，低收入組人均純收入 2316 元，中等偏下收入組人均純收入 4807 元，中等收入組人均純收入 7041 元，中等偏上收入組人均純收入 10142 元，高收入組人均純收入

19009 元。全年農民工總量 26261 萬人，比上年增加 983 萬人，增長3.9%；其中本地農民工 9925 萬人，增長 5.4%；外出農民工 16336 萬人，增長 3.0%。年末外出農民工人均月收入水平 2290 元，比上年增長11.8%。

2012 年農村居民人均純收入排五位的分別是上海（17401 元）、北京（16476 元）、浙江（14552 元）、天津（13537 元）、江蘇（12202 元）；排名末五位的是：西藏（5646 元）、雲南（5417 元）、青海（5364 元）、貴州（4753 元）、甘肅（4495 元）。農村居民人均純收入增長較快的是新疆 17.5%、青海 16.4%。

2012 年城鄉收入差距比較大的有貴州（3.93）、雲南（3.89）、甘肅（3.83）、陝西（3.54），仍有 11 個省級單位比值大於 3。

地區間收入分配

中國東、中、西部的區位條件、原有基礎以及政策傾斜等條件的差異，使得改革開放以來東、中、西部地區之間的差距呈現出不斷擴大的趨勢。特別是 20 世紀 90 年代以後，東部發展速度高於中、西部地區。從1980 年到 2002 年，東部地區 GDP 名義年均增長速度與中、西部地區相比，分別高出 1.6 個和 1.7 個百分點，其中，1980—1990 年，東部地區GDP 名義年均增長速度只比中、西部地區分別高 0.93 個和 0.5 個百分點；90 年代以後，隨著東部市場化程度的不斷提高，非公有制經濟的迅速發展，特別是對外開放領域的不斷擴大，東部發展動力明顯強於中、西部，GDP 名義年均增長速度比中、西部分別高 2.2 個和 2.8 個百分點。

1978 年，中國東部地區與中、西部地區之間人均 GDP 的絕對差距分

別為 153.6 元和 212.9 元，到 1990 年分別擴大到 700.1 元和 885.8 元，1998 年又分別擴大到 4270 元和 5490.9 元（以上均當年價格）。再從相對差距來看，在 1983—1998 年間，中國東部與西部地區人均 GDP 的相對差距係數則由 44.4%迅速增加到 57.7%，西部地區的人均 GDP 水平已不到東部地區的一半。這種地區之間的不均衡發展，不僅限制了擴大內需，而且不利於西部地區的社會穩定，西部大開發、中部崛起、振興東北工業基地等加強區域協調發展戰略正是在這個背景下提出的。

進入 21 世紀以來，中國各地區的綜合發展指數都在穩步提升，其中，東部地區明顯高於其他地區，而西部地區的增速最快。2010 年綜合發展指數排在前十名的地區分別為北京、上海、天津、浙江、江蘇、廣東、福建、遼寧、山東和重慶。2000—2010 年，綜合發展指數年均增速排在前十名的地區分別為貴州、新疆、重慶、山西、四川、江西、西藏、安徽、寧夏和甘肅。從數據來看，2012 年 GDP 排名前五位省分分別是廣東（57068 億元）、江蘇（54058 億元）、山東（50013 億元）、浙江（34606億元），河南（30000 億元），排名最後五個省分分別是：雲南（10310 億元）、新疆（7530 億元）、貴州（6802 億元）、甘肅（5569 億元）和海南（2855 億元）。2012 年增速最快的四個省分別為天津 13.8%、貴州13.6%、重慶 13.6%和雲南 13%；增速最慢的四個省級單位是廣東 8.2%、浙江 8%、北京 7.7%、上海 7.5%。

2012 年中共十八大指出，繼續實施區域發展總體戰略，充分發揮各地區比較優勢，優先推進西部大開發，全面振興東北地區等老工業基地，大力促進中部地區崛起，積極支持東部地區率先發展。採取對口支援等多種形式，加大對革命老區、民族地區、邊疆地區、貧困地區扶持力度。

表 5-1　2011 年各地居民收入增長目標

黑龍江 10%	福建 12%
吉林 11%	湖北 10%
遼寧 11%	湖南 10%
內蒙古 12%	四川 10%
北京 9%	重慶 13.5%
天津 10%	貴州 10%
河北 9%左右	雲南 10%以上
河南：沒有提具體指標	甘肅 12%
山西 10%	青海 10%
陝西 14%左右	新疆 11%
山東 10%左右	西藏 13%以上
江蘇 10%左右	寧夏 10%
上海：居民人均可支配收入與與經濟保持同步發展	廣東 10%
安徽 10%以上	廣西 10%
浙江 9%左右	海南 10%

註：數據來源為各省區市 2011 年政府工作報告

行業間工資差距

中國財富分配不均，一個重要表現就是初次分配中行業收入差距突出。不同行業、不同單位工作，收入差距還是很明顯。從 1995 年到 2004 年的十年間，國有單位、城鎮集體單位、其他單位中，一直是其他單位的平均工資水平最高，城鎮集體單位的平均工資水平最低。但是從 2005 年

▲ 二〇〇七年一月，北京市民在選購肉類食品。

以後，這種排名次序發生了細微的變化，國有單位的平均工資水平逐漸超過了其他單位，一躍成為三者中平均工資水平最高的單位。2012 年全國城鎮非私營單位就業人員年平均工資為 46769 元，而私營單位就業人員年平均工資為 28752 元。全國私營單位就業人員年平均工資僅為非私營單位平均工資水平的 61.5%。

　　各個行業的平均工資水平有較大差距。綜觀近五年來各行業的平均工資水平，教育、公共管理和社會組織是平均工資水平變化或波動較大的兩個行業，而其他行業的平均工資水平在所有行業的排序中位次變化並不明顯，農林牧漁業一直是平均工資水平最低的行業。2012 年平均工資最高的三個行業分別是金融業 89743 元，是全國平均水平的 1.92 倍；信息傳輸、軟件和信息技術服務業 80510 元，是全國平均水平的 1.72 倍；科學研究、技術服務業 69254 元，是全國平均水平的 1.48 倍。年平均工資最

▶ 二〇〇八年七月，北京央視新大樓下的農民工臨時住所與飯碗，與城市元素形成對比。中國收入分配改革任重道遠。

低的三個行業分別是農、林、牧、漁業 22687 元，是全國平均水平的49%；住宿和餐飲業 31267 元，是全國平均水平的 67%；水利、環境和公共設施管理業 32343 元，是全國平均水平的 69%。最高與最低行業平均工資之比是 3.96：1，比 2011 年的 4.17：1 差距有所縮小。

2012 年，全國共有 25 個省分調整了最低工資標準，平均調增幅度為20.2%。月最低工資標準最高的是深圳市的 1500 元，小時最低工資標準

最高的是北京市的 14 元。23 個省分發布了 2012 年工資指導線，基準線提高幅度多在 14%以上，為工資的較快增長提供了政策支撐。「十二五」期間，中國將形成正常的工資增長機制，職工工資收入水平合理較快增長，最低工資標準年均增長 13%以上，絕大多數地區最低工資標準達到當地城鎮從業人員平均工資的 40%以上。

分配是民生之源。縮小貧富差距，實現共同富裕，實現發展成果人民共享，是人民群眾的強烈訴求和期待。中國要深化收入分配領域的改革，加快完善初次分配機制，加快健全再分配調節機制，努力實現居民收入增長和經濟發展同步、勞動報酬增長和勞動生產率提高同步。通過改革，著力提高城鄉居民，特別是低收入者的收入，持續地擴大中等收入的群體，努力形成「橄欖型」收入分配結構。儘快扭轉收入分配差距擴大趨勢，降低基尼係數，採取有力措施縮小城鄉間、區域間的收入差距。

中共十八大指出，千方百計增加居民收入。實現發展成果由人民共享，必須深化收入分配制度改革，努力實現居民收入增長和經濟發展同步、勞動報酬增長和勞動生產率提高同步，提高居民收入在國民收入分配中的比重，提高勞動報酬在初次分配中的比重。初次分配和再分配都要兼顧效率和公平，再分配更加注重公平。完善勞動、資本、技術、管理等要素按貢獻參與分配的初次分配機制，加快健全以稅收、社會保障、轉移支付為主要手段的再分配調節機制。深化企業和機關事業單位工資制度改革，推行企業工資集體協商制度，保護勞動所得。多渠道增加居民財產性收入。規範收入分配秩序，保護合法收入，增加低收入者收入，調節過高收入，取締非法收入。

城市化和城鄉一體化

　　城鎮化是擴大內需的戰略重點，也是社會轉型發展的重要標誌。從新中國成立到改革開放的三十年間，中國城鎮人口比重變化不足 10 個百分點。而新世紀以來的十年間，按照統籌規劃、合理布局、完善功能、以大帶小的原則，一批城市發展總體規劃制定實施，城市體系和功能不斷完善，人口和經濟的集聚能力不斷增強，中國城鄉結構發生歷史性變化。城鎮人口比重的變化已經超過了 15 個百分點。2002 年至 2012 年，中國城鎮化率以平均每年 1.22 個百分點的速度發展，城鎮人口平均每年增長 1906 萬人。2012 年，城鎮人口比重達到 52.6%，比 2002 年上升了 13.5 個百分點，城鎮人口為 71182 萬人，比 2002 年增加了 20970 萬人；鄉村人口 65656 萬人，減少了 14019 萬人。

▲ 二〇一三年五月六日，「中國・美麗霧渡河」城鄉一體化研究示範基地授牌儀式在湖北宜昌市夷陵區政府舉行。圖為宜昌市夷陵區霧渡河鎮集鎮一角。

▲ 二〇一四年五月二十七日，北京天通苑地鐵站，人們排隊進行安檢。

　　分地區看，中西部地區近年來城鎮化發展速度較快，但與東部地區的差距仍然較大。西部城鎮化發展速度快於東部，中部又快於西部。2011年，東部地區城鎮人口比重 61.0%，中部和西部城鎮人口比重分別為47.0% 和 43.0%，與 2010 年相比，東、中、西分別上升 1.1、1.7 和 1.6 個百分點。至 2011 年底，城鎮人口比重超過 50% 的省分已達 15 個，湖北、山東、海南三省首次超過 50%；繼上海市、北京市之後，天津市城鎮人口比重 2011 年首次超過 80%。

　　2011 年年末在中國大陸總人口中城鎮人口有 69079 萬人，占總人口比重首次超過 50%，達到 51.3%，而在改革開放初期，中國城鎮人口的比重尚不足 20%。城鎮化進程的不斷加快並不僅僅體現在城鎮人口比重的增加上，2010 年中國城市人口密度是 2000 年城市人口密度的 5 倍，是1990 年城市人口密度的 7.91 倍。在「十一五」期間，中國的城市人口密

度經歷了一個飛速發展的過程，2010 年的城市人口密度已經達到 2209 人／平方公里，而人口在 100 萬以上的城市數量也由 2005 年的 113 個增加到 2010 年的 125 個。

　　與此相同步，城市化進程的加快對政府在發展公用事業、提供社會服務方面的能力提出了新的要求。新世紀以來，中國城市的公用事業都取得了明顯的發展，各項人均指標總體上呈現出不斷上升的趨勢。 20 年來，中國城市用水普及率提高了近 50 個百分點，而燃氣普及率提高了超過 70 個百分點。近年來有關部門和地方不斷加大市政設施建設，市政設施供給能力和服務水平明顯提高。2011 年，城市人均道路面積達到 13.8 平方米，人均公園綠地面積達到 11.8 平方米，城市用水普及率、污水處理率分別達到 97%、83.6%。城鎮吸納就業的能力不斷增強，帶動了鄉村勞動力不斷向城鎮轉移。2011 年城鎮就業人員 35914 萬人，比 2002 年增加 10755 萬人，年均增加 1195 萬人。城鎮就業人員占全國就業總量的比重為 47.0%，比 2002 年提高 12.7 個百分點。

▲ 二〇一二年八月，剛完成舊村改造的浙江義烏市城西街道夏演村，頗具都市氣派。

在中國城鎮化取得巨大成就的同時，中國也清醒地認識到，前進道路中還面臨著諸多困難和挑戰，主要是以下四個方面：

城市發展可持續性的挑戰。土地、水、能源等是城市發展的重要物質基礎，而中國人均資源能源都相對匱乏。同時，城鎮化的低密度化傾向比較嚴重，城鎮空間增長快於城鎮人口增長。城鎮化進程中占用國土空間過多，耕地減少過多過快，不僅威脅到國家糧食安全，也威脅到國家生態環境安全。

城鎮化空間布局的挑戰。中國城鎮化水平呈現明顯的東高西低特徵，東部一些地區人口資源矛盾加劇，中西部許多地區的潛力還沒有得到充分發揮。城市群數量不足與質量不高並存，中小城市潛力還沒有得到充分發揮，小城鎮數量多、規模偏小，集聚產業和人口能力有限。城鎮空間分布和規模結構不合理，導致人口大規模流動、資源大跨度調運，既增加了社會成本，也加劇了人口資源環境間的矛盾。

城市公共服務供給能力的挑戰。由於城市教育、**醫療**、社會保障、保障性住房等公共服務供給能力薄弱，大量進入城市的農民工並沒有享受到與城市居民平等的公共服務。二〇一一年有一點五九億在城市工作半年以上的農民工及其家屬，他們已經成為產業工人的主體，卻不能完全融入城市生活，處於「半市民化」狀態，長此下去，容易引發社會矛盾。

城市治理能力的挑戰。隨著人口向城市快速集中，城市配套設施建設與管理服務水平卻難以適應，未能同步提升。近年來一些城市出現的交通擁堵、住房緊張、環境污染、事故災害等問題，對城市治理能力形成新的挑戰。同時，從規劃、建設和運營等環節創新城市基礎設施管理模式，也對城市政府提出新的要求。

圖 5-5　2002-2012 年中國城鎮化率

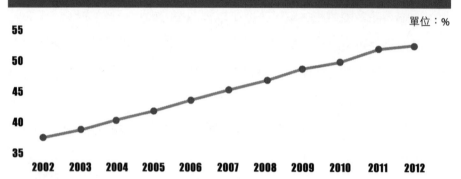

單位：%

▲ 數據來源：《中國統計年鑑：2012》和《中華人民共和國 2012 年國民經濟和社會發展統計公報》。

　　數據統計顯示，截至 2012 年，中國城鎮化率 52.75%，但按戶籍人口計算僅為 35%左右。中國社科院發布 2013《城市藍皮書》指出，2012 年中國城鎮化率按照市民化標準，只有 42.2%，比國家統計局公布的常住人口城鎮化率低 10.4 個百分點，低於世界 52%的平均水平，與發達國家 70%左右的水平更是有明顯差距。隨著城市化的推進，農村勞動力轉移速度明顯加快，就業總量矛盾突出，結構性矛盾加劇。特別是 2008 年的國際金融危機，更對就業形勢產生了較大衝擊，使中國就業面臨著較大的壓力。中國政府實施了更加積極的就業政策，採取多種措施努力擴大就業，同時加強了對失業的調控力度，積極穩妥地應對各種就業矛盾和國際金融危機對中國就業帶來的不利影響，保持了就業形勢的基本穩定。與此同時，環境治理和社會秩序等也受到了挑戰。

　　城鄉一體化是中國發展工業化、城鎮化的必然過程，也是改變並最終消滅歷史形成的城鄉二元經濟結構的有效途徑。解決好農業農村農民問題

是中國政府工作重中之重，城鄉發展一體化是解決「三農」問題的根本途徑。要加大統籌城鄉發展力度，增強農村發展活力，逐步縮小城鄉差距，促進城鄉共同繁榮。中共十六大提出「統籌城鄉經濟社會發展」的戰略部署。中共十七大提出「要建立以工促農、以城帶鄉的長效機制，形成城鄉經濟社會發展一體化新格局」的戰略指導思想，標誌著中國共產黨已經把城鄉關係的發展目標由城鄉統籌提升為城鄉一體化。中共十八大報告進一步提出，形成以工促農、以城帶鄉、工農互惠、城鄉一體的新型工農、城鄉關係。

　　推進城鎮化是中國新一屆領導層的施政理念之一，新型城鎮化被定位為中國經濟新的增長點。中共十八大指出：堅持走中國特色新型工業化、信息化、城鎮化、農業現代化道路，推動信息化和工業化深度融合、工業化和城鎮化良性互動、城鎮化和農業現代化相互協調，促進工業化、信息化、城鎮化、農業現代化同步發展。

▌社會保障：覆蓋範圍的逐步擴大

　　社會保障，是一個很重要的經濟和社會問題。健全的社會保障體系是社會的「穩定器」、經濟運行的「減震器」和實現社會公平的「調節器」。中國政府歷來重視社會保障工作，早在建國初期就頒布了《中華人民共和國勞動保險條例》，初步建立起社會保障制度。新中國成立後特別是改革開放以來，國家又頒布了一系列政策法規。一九九七年中共十五大明確提出，建立社會保障體系，實行社會統籌和個人賬戶相結合的養老、醫療保險制度，完善失業保險和社會救濟制度，提供最基本的社會保障。二〇〇二年以來，中國開始大力推進新型農村合作醫療、農村醫療救助、城市醫

▲ 二〇一四年三月，廣州市首次推出分配的六千七百零九套公共租賃住房第二批樣板房開始向公眾開放參觀。

療救助、城鎮居民基本醫療保險、農村低保、計劃生育家庭獎勵扶助、農村五保供養等制度的建設，並開展了新型農村社會養老保險試點等工作。「十五」（2001—2005）時期，全國財政用於就業和社會保障方面的支出年均增長 16.3%，占總支出的比重也提高 2005 年的 11%。其中，中央財政對基本養老保險基金的補助支出從 1998 年的 20 億元增加到 2005 年的 545 億元，累計達到 2826 億元。2005 年五項保險基金總收入接近 7000 億元，比 2000 年翻了一番還多，支撐能力顯著提高。2005 年國務院還下發了《關於完善企業職工基本養老保險制度的決定》。之後，中國出台了多項社會保障制度，社會保障框架日益健全。

2012 年《中華人民共和國老年人權益保障法》修訂頒布，《中華人民共和國軍人保險法》頒布，《社會保障「十二五」規劃綱要》發布並實施，《「十二五」期間深化醫藥衛生體制改革規劃暨實施方案》發布並實施，《關於進一步加強和改進最低生活保障工作的意見》發布，六部委聯合下發《關於開展城鄉居民大病保險工作的指導意見》等。

城鎮居民養老、醫療等各項保障都有所加強，農村居民的各項保障也逐步納入了社會保障體系中。覆蓋城鄉居民的社會保障體系建設取得突破性進展，初步形成了以社會保險為主體，包括社會救助、社會福利、優撫安置、住房保障和社會慈善事業在內的社會保障制度框架。

社會保險覆蓋範圍的逐步擴大

2012 年底，全國基本養老保險、基本醫療保險、失業保險、工傷保險和生育保險人數分別為 30427 萬人、53641 萬人、15225 萬人、19010 萬人、15429 萬人，分別比 2002 年底增加 28954 萬人、44241 萬人、5043

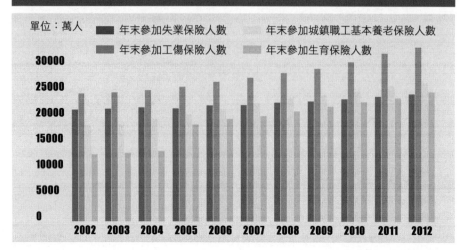

圖 5-6　2002-2012 年中國社會保險覆蓋範圍

單位：萬人

- 年末參加失業保險人數
- 年末參加工傷保險人數
- 年末參加城鎮職工基本養老保險人數
- 年末參加生育保險人數

▲ 數據來源：《中國統計年鑑：2012》和《中華人民共和國 2012 年國民經濟和社會發展統計公報》。

萬人、14604 萬人、15429 萬人，分別增加了 19.6、4.7、0.5、3.3、和 3.4 倍。全國社會保險基金收入規模快速增長，在新世紀的第一個十年中，全國社會保險基金規模以每年兩位數的速度增長，年增長率最低的是 2001 年，仍高達 17.3%，2010 年全國社保基金收入規模已達 18822.8 億元。2012 年全年五項社會保險（不含城鄉居民社會養老保險）基金收入合計 28909 億元，比上年增長 4866 億元，增長率為 20.2%。基金支出合計 22182 億元，比上年增長 4127 億元，增長率為 22.9%。其中，養老保險制度進一步完善。新型農村和城鎮居民社會養老保險提前 8 年實現了制度全覆蓋。2012 年底，全國城鄉居民參保人數達到 48370 萬人，比上年底增加 15187 萬人，13075 萬城鄉老年居民按月領取養老金。深入研究城鄉養老制度銜接有關政策，制定實施軍人退役養老保險關係轉移接續政策。

完成 2012 年企業退休人員基本養老金待遇調整工作，全國企業參保退休人員月人均基本養老金達到 1721 元，比上年增加 210 元。醫療和生育保險工作取得重大進展，失業保險工作取得積極成效，工傷保險工作成效顯著。

城鎮社會保障體系有所加強

2012 年底，全國參加城鎮職工基本養老保險人數為 30427 萬人，比上年末增加 2036 萬人。其中，參保職工 22981 萬人，參保離退休人員 7446 萬人，分別比上年末增加 1416 萬人和 619 萬人，收入 20001 億元，比上年增加 3106 億元。連續第 8 年提高企業退休人員基本養老金水平，2012 年全國企業參保退休人員調整後的月人均基本養老金達到 1721 元。

▲ 二〇一四年五月，江蘇省南京市，市民在勞動和社會保障局社保中心辦理社會保險。

全國參加城鎮基本醫療保險人數為 53641 萬人。其中，參加職工基本醫療保險人數為 26486 萬人，比上年末增加 1258 萬人；參加城鎮居民基本醫療保險人數為 27156 萬人，比上年末增加 5040 萬人。收入 6062 億元，比上年增加 1117 億元。全國參加工傷保險人數為 19010 萬人，比上年末增加 1314 萬人；其中農民工參加工傷保險 7179 萬人，比上年末增加 352 萬人，收入 527 億元，比上年增加 60 億元。全國參加失業保險人數為 15225 萬人，比上年末增加 908 萬人，收入 1139 億元，比上年增加 216 億元。全國參加生育保險人數為 15429 萬人，比上年末增加 1537 萬人，收入 304 億元，比上年增加 84 億元。

農村社會保障體系趨於完善

建立農村最低生活保障制度，為農村生活困難人口提供兜底的基本保障，實現「困有所濟」。據民政部統計，截至 2011 年底，農村最低生活保障制度覆蓋了 5313.5 萬人和 2662.6 萬個農戶，比 2007 年制度建立之初分別增長 53.9% 和 69.3%；月人均最低生活保障平均標準和月人均支出水平分別為 143.2 元和 96.4 元，比 2007 年分別增長 1 倍和 1.6 倍。農村貧困人口不斷下降。以低收入標準測算，農村貧困人口從 2002 年末的 8645 萬人下降到 2010 年末的 2688 萬人。2011 年，中央決定將農民人均純收入 2300 元（2010 年不變價）作為新的國家扶貧標準，比 2009 年提高 92%，按照新標準，年末農村扶貧對象為 12238 萬人。把更多農村低收入人口納入扶貧範圍，這是社會的巨大進步。2012 年，按照農村扶貧標準年人均純收入 2300 元（2010 年不變價），年末農村貧困人口為 9899 萬人，比上年末減少 2339 萬人。

▲ 二〇一〇年一月十八日，安徽省蒙城縣城關鎮漆園社區農民展示剛辦理的新型農村養老保險繳費證明。

推動新型農村社會養老保險，促進農民養老方式實現重大轉變，實現「老有所養」。據人力資源和社會保障部統計，2011 年底，全國有 27 個省、自治區的 1914 個縣（市、區、旗）和 4 個直轄市部分區縣開展國家新型農村社會養老保險試點，新型農村社會養老保險試點覆蓋 60%的縣市；新型農村社會養老保險試點地區參保人數 32643 萬人，其中實際領取待遇人數 8525 萬人。2011 年全年新型農村社會養老保險基金收入 1070億元，其中個人繳費 415 億元；基金支出 588 億元。基金累計結存 1199億元。

農村醫療制度逐步健全。從 2003 年起開始實行新型農村合作醫療制度，著力解決農民看病難看病貴問題，實現「病有所醫」。據衛生部統

▶ 截至二〇一四年五月，已經有天津、青海、山東、重慶、廣東、寧夏、浙江等七個省分或社保統籌地區完成了城鎮居民基本醫療保險和新型農村合作醫療制度的整合，並建立起統一的、城鄉一體的居民基本醫療保險制度。

計，2011 年新型農村合作醫療制度覆蓋 8.32 億人，農民參合率為 97.5%，新農合籌資總額達到 2047.6 億元，人均籌資 246.2 元，補償受益人次 13.15 億。農村鄉鎮衛生院床位數和衛生人員數增加。2011 年末，全國鄉鎮衛生院床位數為 102.6 萬張，比 2002 年增長了 52.9%；鄉鎮衛生院衛生人員數為 116.6 萬人，比 2002 年增長了 9.5%。2011 年，每千農業人口平均鄉鎮衛生院床位數和衛生人員數分別為 1.16 張和 1.32 人，比 2002 年分別增長 48.7%和 11.8%。2012 年末，2566 個縣（市、區）開展了新型農村合作醫療工作，新型農村合作醫療參合率 98.1%；1-9 月新型農村合作醫療基金支出總額為 1717 億元，受益 11.5 億人次。

二〇一二年十八大報告指出，社會保障是保障人民生活、調節社會分配的一項基本制度。要堅持全覆蓋、保基本、多層次、可持續方針，以增強公平性、適應流動性、保證可持續性為重點，全面建成覆蓋城鄉居民的社會保障體系。改革和完善企業和機關事業單位社會保險制度，整合城鄉居民基本養老保險和基本醫療保險制度，逐步做實養老保險個人賬戶，實現基礎養老金全國統籌，建立兼顧各類人員的社會保障待遇確定機制和正常調整機制。擴大社會保障基金籌資渠道，建立社會保險基金投資運營制度，確保基金安全和保值增值。完善社會救助體系，健全社會福利制度，支持發展慈善事業，做好優撫安置工作。建立市場配置和政府保障相結合的住房制度，加強保障性住房建設和管理，滿足困難家庭基本需求。堅持男女平等基本國策，保障婦女兒童合法權益。積極應對人口老齡化，大力發展老齡服務事業和產業。健全殘疾人社會保障和服務體系，切實保障殘疾人權益。健全社會保障經辦管理體制，建立更加便民快捷的服務體系。

經過六十餘年的努力，中國經濟發展取得了輝煌的成就，中國社會生產力、綜合國
力、人民生活水平大幅度躍升。伴隨著中國經濟體的壯大，中國經濟發展的基礎和條
件也發生了變化。縱觀國際國內大勢，中國發展仍處於可以大有作為的重要戰略機遇
期。同時，中國仍然是世界上最大的發展中國家，正處於經濟社會發展的關鍵時期和
改革開放的攻堅階段，既面臨難得的歷史機遇，也面臨諸多可以預見和難以預見的風
險挑戰。特別是中國經濟發展中不平衡、不協調、不可持續的問題依然突出，支撐經
濟高速增長的優勢有所弱化，經濟增長面臨的資源環境約束增強；科技創新能力不
強，制約科學發展的體制機制障礙依然較多；產業結構不合理，城鄉區域發展不平
衡，收入分配差距較大，深化改革開放和轉變經濟發展方式任務艱巨。機遇與挑戰同
在，必須堅定發展信心，又要增強憂患意識，未雨綢繆，堅持用發展和改革來解決前
進中遇到的問題。

▌中國經濟發展的倍增計劃和遠景目標

2012 年 11 月中國共產黨第十八次代表大會描繪了全面建成小康社會、加快推進社會主義現代化的宏偉藍圖，提出了中國經濟發展的倍增計劃，發出了向實現「兩個一百年」奮鬥目標進軍的時代號召，明確提出要實現中華民族偉大復興的中國夢。十八大提出的「兩個百年」遠景目標，一是到 2020 年中國共產黨成立 100 年時，國內生產總值和城鄉居民人均收入比 2010 年翻一番，全面建成惠及十幾億人口的小康社會。二是到 2049 年新中國成立 100 年時建成富強民主文明和諧的社會主義現代化國家。2010 年中國國內生產總值 397983 億元，到 2020 年翻一番要達到

▲ 二〇一四年三月，安徽合肥江淮汽車生產車間。江淮汽車入圍二〇一四全球汽車品牌百強。

795966 億元；2010 年城鎮居民人均可支配收入 19109 元，到 2020 年翻一番要達到 38218 元；2010 年農民居民人均可支配收入 5919 元，到 2020 年翻一番要達到 11838 元。一個是經濟總量目標指標，一個是人民生活指標，兩者是十八大報告中唯一的量化指標。也是十八大報告在謀求繼續做大經濟總量蛋糕的同時第一次明確提出了居民收入翻一番。

為實現以上的倍增計劃與遠景目標，正如十八指出的世情、國情、黨情發生深刻變化，中國經濟已步入新的發展階段，所以，必須布局新的發展格局，形成新動力，才可以順利完成以上發展目標。2013 年 3 月 17 日，李克強在十二屆全國人大一次會議舉行的記者會上說，要實現 2020 年的目標，需要年均增長 7%的速度，這不容易。但是，我們有有利的條

▲ 二○一三年四月，建設中的天津海河兩岸建築。

件，有巨大的內需。關鍵在推動經濟轉型，把改革的紅利、內需的潛力、創新的活力疊加起來，形成新動力，並且使質量和效益、就業和收入、環境保護和資源節約有新提升，打造中國經濟的升級版。

為實現倍增計劃與遠景目標，中國首先立足擴大內需，保持經濟持續健康發展。一方面，是就業的保障，據權威部門測算，中國現階段要保就業，使城鎮調查失業率控制在 5%左右，經濟增速就不能低於 7.2%。另一方面，要實現 2020 年 GDP 比 2010 年翻一番的目標，今後幾年經濟年均增速至少要達到 6.9%以上。所以跌破 7%的「底線」是不允許的。

城鎮化是中國擴大內需最大潛力所在，要把「四化協調」發展和城鎮化這個最大內需潛力逐步釋放出來。十八大報告提出：「堅持走中國特色新型工業化、信息化、城鎮化、農業現代化道路，推動信息化和工業化深

▲ 二〇一四年四月十六日，山東青島五菱特種車輛製造廠停車場停放的車輛

度融合、工業化和城鎮化良性互動、城鎮化和農業現代化相互協調，促進工業化、信息化、城鎮化、農業現代化同步發展。」「四化同步」是對中國現代化歷史進程的經驗總結。推進城鎮化是中國新一屆領導層的施政理念之一，新型城鎮化被定位為中國經濟新的增長點。

為實現倍增計劃與遠景目標，關鍵在推動經濟轉型，一要依靠改革促進轉型；二要加強生態文明建設，以節能減排作為結構調整和創新轉型的重要突破口。中國三十多年來取得的巨大成就，靠的是改革開放，甜頭已經嘗到。在新的起點上要全面建成小康社會，加快轉變經濟發展方式，讓群眾過上更好生活，依然要靠改革開放。這是中國發展的最大「紅利」。城鎮化這個最大潛力的發揮，只有通過改革這個最大的紅利才能實現。同時，資源相對不足、環境容量有限，已經成為新的基本國情，成為中國發展的「短板」，建設生態文明的現代化中國是中國發展的必然選擇，二〇一二年十一月八日，中共十八大提出「一定要更加自覺地珍愛自然，更加積極地保護生態，努力走向社會主義生態文明新時代」，生態文明建設與經濟建設、政治建設、文化建設、社會建設一起被列為「五位一體」的總體布局，在未來發展中將占據越來越突出的地位。

中國經濟面臨的發展方式轉變

中國經濟發展方式轉變的迫切性

改革開放以來，中國經濟取得舉世矚目的成就，經濟總量實現了空前的發展，中國在國際經濟中的地位也大幅度提高。但長期以來中國經濟發展方式粗放的特徵比較明顯，發展效率總體不高，發展代價過高過大，發展的不平衡不協調不可持續矛盾仍十分突出。

一是經濟增長主要依靠工業帶動，農業基礎薄弱，基本還是「靠天吃飯」，農業科技進步貢獻率只有百分之五十一，比發達國家低了約二十個百分點，服務業增加值占國內生產總值的比重僅為百分之四十。低於世界平均水平約三十個百分點，而且主要以餐飲、商業等傳統服務業為主，金

▲ 二〇一二年一月十四日，三峽壩區湖北宜昌市夷陵區太平溪污水處理廠淨化池對污水進行淨化處理。

融、保險、信息和現代物流等現代服務也正處在培育發展過程中。

二是經濟增長過於依賴物質資源的投入，依靠土地、勞動力等要素的低成本優勢，單位國內生產總值消耗是世界水平的 2.78 倍，勞動者報酬占國內生產總值的比重不到 40%，比世界平均水平低了 10%至 15%。

三是自主創新能力不強，缺乏核心技術，缺少知名品牌，中國產品的增加值率只有日本的 4.37%、美國的 4.38%、德國的 5.56%。也就是說，雖然很多產品標註為中國製造，但研究設計、關鍵部件和市場營銷都在國外，只有加工、封裝等等勞動力密集型環節在中國。轉變經濟發展方式、促進經濟結構調整和產業優化升級的任務刻不容緩。

隨著中國經濟持續的高速增長，特別是 2008 年金融危機以來，國際經濟政治環境發生深刻變化，中國戰略機遇期的挑戰因素明顯增加，轉變經濟發展方式的客觀壓力加大。從國內發展環境看，特別是 21 世紀以來，重啟重化工業，人口、資源、環境和能源的壓力日益凸現，並困擾著中國經濟可持續發展。勞動力無限供給的「人口紅利」正在發生變化，資源價格正在攀升，環境制約越來越大，產能過剩問題嚴重，房地產拉動難以為繼，這都使得經濟發展成本明顯上升，人口、資源、環境等成為中國經濟轉型的約束。

人均資源和能源短缺是制約中國未來經濟發展的最主要因素。中國能源資源總量比較豐富，但由於人口眾多，人均能源資源擁有量在世界上處於較低水平。煤炭和水力資源人均擁有量相當於世界平均水平的 50%，石油、天然氣人均資源量僅為世界平均水平的十五分之一左右。同時，中國的能源利用率也很低，只有 32%左右，比發達國家低了 10 個百分點，差距很大。中國的核能、太陽能、風能、潮汐能、地熱能等新能源和再生

▲ 二〇一四年五月，安徽省滁州市，工程技術人員正在風力發電場吊裝發電風機。

能源的開發，與發達國家的差距也很大。

從能源消費的角度來看，中國一次能源生產和消費結構中，煤炭比重高達 76%和 68.9%，是世界上煤炭比重最高的國家，和世界平均水平（煤炭消費占 26.5%）以及工業化國家（煤炭消費占 21.4%）的能源結構相差甚遠。煤炭比重過高，使中國能源系統效率明顯降低，環境壓力巨大。除了煤之外，中國實現現代化所需的石油、天然氣資源也是非常多的，但國內所能提供的能源供給量卻難以與之匹配。中國從 1993 年已經成為石油淨進口國，石油進口量從 1993 年的 988 萬噸增加到 2008 年的超過 2 億噸，對外依存度也從 6.4%上升到 52%。隨著每年中國石油進口量的增加和缺少石油戰略儲備，中國很容易受到全球原油價格變化的影響。石油短缺將是中國未來一段歷史時期能源安全的主要矛盾。

能源的需求和消費的大幅度增加，導致主要污染物的排放量增加，環境保護的壓力加大。目前，一些地區環境污染和生態惡化已經到了相當嚴重的程度。水、大氣、土壤等污染日益嚴重，固體廢物、汽車尾氣、持久性有機物等污染持續增加。另外，環境污染還從城市向農村擴展。近十年來，中國使用農藥防治蟲害效果顯著，每年使用農藥面積為二十三億畝次，每年化肥施用量達二千九百三十萬噸，但農藥、化肥有效施用率僅為百分之三十（僅為國外先進農業區的二分之一），其餘都揮發到大氣中或隨水流入土壤和江河湖泊，造成水域富營養化或飲用水源硝酸鹽含量超標。全國百分之九十以上的天然草原退化，生物多樣性減少。同時，隨著經濟發展和人口增長，全球環境正在急遽惡化，臭氧層破壞、熱帶雨林消失、溫室效應和酸雨等全球環境問題正嚴重威脅著人類自身的生存和發展。生態破壞和環境污染，給中國經濟造成了巨大損失，給人民生活和健康帶來嚴重威脅。

從國際上看，尤其是國際金融危機發生以來，一方面，出口需求增長受到影響，貿易保護主義加強；另一方面，新一輪的科技創新和產業升級態勢顯現，新興行業和技術創新的國際競爭日趨激烈，國際環境發生深刻複雜變化，國與國之間的競爭，從某種意義上說就是發展方式的競爭。要在更趨複雜的國際環境中趨利避害，在更加激烈的國際競爭中把握主動權，必須加快構建更具活力更富有競爭力的發展方式。經濟發展方式的選擇是與發展環境密不可分的，國內國際發展環境的變化，使得加快轉變經濟發展方式成為中國經濟社會發展面臨的重大而緊迫的現實課題。中共十八大報告提出轉變經濟發展方式兩大路徑，「創新驅動」「擴大需求」，是發展戰略的重大創新，具有緊迫的現實意義和長遠的戰略意義。

轉變發展方式的方向

關於「轉變經濟增長方式」，早在二十世紀八〇年代初實際上已經提出，一九八一年五屆人大四次通過的政府工作報告提出了以提高經濟效益為中心的發展國民經濟十條方針，可以說是重視和嘗試轉變經濟增長方式的開端。一九八二年中共十二大提出要把經濟增長轉變到依靠科技進步和提高勞動者素質上來。二十世紀八〇至九〇年代初提出要圍繞經濟效益進行改革。隨著中國買方市場市場的形成，一九九七年中共十五大再次重申要實現經濟體制和經濟增長方式兩個「根本轉變」；同年十二月召開的中央經濟工作會議上提出：「調整和優化經濟結構，要轉變經濟增長方式，改變高收入、低產出，高消耗、低效益的狀況。」進入二十一世紀以來，二〇〇二年中共十六大將新型工業化正式概括為：「堅持以信息化帶動工業化，以工業化促進信息化，就是科技含量高、經濟效益好、資源消耗低、環境污染少、人力資源優勢得到充分發揮的工業化道路。」二〇〇三年中共十六屆三中全會提出科學發展觀；二〇〇五年十六屆五中全會提出「建設資源節約型環境友好型社會」；之後，胡錦濤在中央黨校講話首次提出轉變經濟發展方式，中共十七大報告中突出「加快經濟發展方式，推動產業結構優化升級」；十七屆五中全會提出「加快轉變經濟發展方式是我國經濟社會領域的一場深刻變革，必須貫穿經濟社會發展全過程和各領域」，並提出「五個堅持」；十八大報告再次強調，要加快完善社會主義市場經濟體制和加快轉變經濟發展方式，報告指出，在當代中國，堅持發展是硬道理的本質要求就是堅持科學發展。以科學發展為主題，以加快轉變經濟發展方式為主線，是關係中國發展全局的戰略抉擇，提出了實施創新驅動發展戰略、推進經濟結構戰略性調整等五項要求。

2013年10月15日
《国务院关于化解产能严重过剩矛盾的指导意见》发布，将改革重点锁定钢铁、水泥、电解铝、平板玻璃、船舶等五大严重产能过剩行业

2012年底

中國五大行業
产能利用率

72%
钢 铁

电解铝
71.9%

水泥
73.7%

水泥水泥

船 舶
75%

平板玻璃
73.1%

1、
钢铁、水泥等行业产能规模基本合理，与环境承载力、市场需求、资源保障相适应

2、
发展质量明显改善，产能结构得到优化

3、
长效机制初步建立，公平竞争的市场环境得到完善

未来五年三大目标

▲ 二〇一三年十月十五日《國務院關於化解產能嚴重過剩矛盾的指導意見》發布，將改革重點鎖定鋼鐵、水泥、電解鋁、平板玻璃、船舶等五大嚴重產能過剩行業。

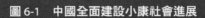

圖 6-1　中國全面建設小康社會進展

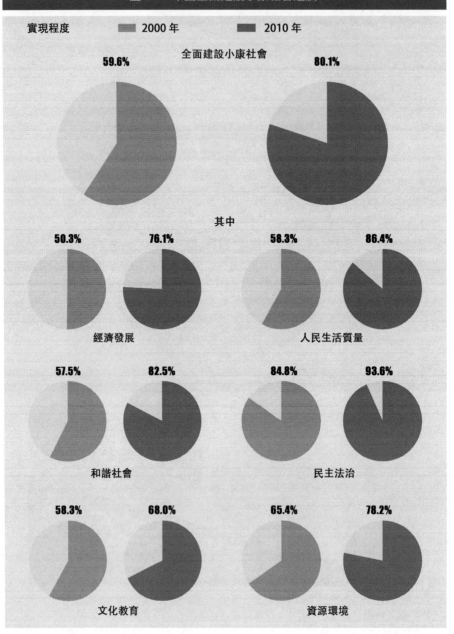

實現程度　■ 2000 年　■ 2010 年

全面建設小康社會

59.6%　　80.1%

其中

50.3%　76.1%　　58.3%　86.4%

經濟發展　　人民生活質量

57.5%　82.5%　　84.8%　93.6%

和諧社會　　民主法治

58.3%　68.0%　　65.4%　78.2%

文化教育　　資源環境

其中，加快經濟結構戰略性調整，是要緊緊抓住的一條主線，是轉變經濟發展方式的核心。調整和優化經濟結構，是促進經濟發展，提高經濟增長質量和效益的根本性措施；經濟結構的每一次升級，都會帶動經濟發展上一個新台階，這是經濟發展的一個規律。同時，經濟總量平衡同經濟結構有著密切關係，只有在結構合理的基礎上實現總量平衡，才能取得良好的宏觀經濟效益。經濟結構是國民經濟各組成部分的地位和相互比例關係，從宏觀看，包括社會總需求結構、所有制結構、分配結構、產業結構、區域經濟結構等；從微觀看，包括企業組織結構、產品結構等。目前經濟發展中的突出問題是結構不合理，結構調整緩慢。中國經濟發展瓶頸制約主要表現就是各種結構不合理。在需求結構上，過分依賴外需，而內需不足，中國經濟的對外依存度不斷提高，已達到百分之六十以上，其中出口占 GDP 的比重約為百分之四十。產業結構不合理，二○一二年中國服務業增加值占國內生產總值的百分之四十四點六，大大低於發達國家百分之七十以上的份額，也比同等收入水平的發展中國家低十個百分點左右，就業比重也明顯偏低。區域、城鄉發展不平衡等。調結構對加快經濟發展方式轉變具有決定性意義。中共十七屆五中全會指出，「十二五」時期是全面建設小康社會的關鍵時期，是深化改革開放、加快轉變經濟發展方式的攻堅時期，要堅持把經濟結構戰略性調整作為加快轉變經濟發展方式的主攻方向。

調結構方向是鞏固農業基礎地位，大力調整製造業，加快發展服務業。要夯實農業基礎，保障農產品供給。把解決好「三農」問題作為全黨工作重中之重，必須長期堅持、毫不動搖，決不能因為連年豐收而對農業有絲毫忽視和放鬆。中國有十三億人口，只有把飯碗牢牢端在自己手中才

▲ 建好農村公路是中國促進「三農」問題的解決、加快全面建設小康社會進程的重要舉措。

能保持社會大局穩定。要提高農業綜合生產能力，嚴格保護耕地，大興農田水利，加強科技服務，不斷提升農業物質技術裝備水平。要穩定完善強農惠農富農政策，充分保護和調動農民生產經營積極性，使務農種糧有效益、不吃虧、得實惠。要在堅持和完善農村基本經營制度基礎上，創新農業經營體制，加快發展現代農業。要加強綠色生產，從源頭上確保農產品質量安全。大力調整製造業，加快發展服務業，服務業，既是當前穩增長、保就業的重要舉措，也是調整優化結構、打造中國經濟升級版的戰略選擇。現在，中國許多工業產品供過於求，服務業的增加值雖已經超過工業，就業人數已經超過農業，但仍有許多領域供不應求。增加服務業有效供給，提高服務業水平，可以釋放巨大內需潛力，形成穩定經濟增長的有力支撐，也會對經濟結構優化和質量價值提升產生放大效應。同時，服務業還是最大的就業容納器。

中國國內生產總值增長幾乎有一半以上來自於第二產業，調整經濟結構的關鍵是抓產業結構。當前中國經濟社會發展中存在的突出矛盾和問題之一，就是產能相對過剩的矛盾有所加劇。二〇一二年，除了鋼鐵、水泥、平板玻璃、煤化工、造船等傳統行業產能大量過剩外，氮肥、電石、氯鹼、甲醇、塑料等一度熱銷的化工產品也因為產大於需而銷售困難；銅、鋁、鉛鋅冶煉等有色行業生產形勢低迷，產能過剩問題凸現。甚至多晶硅、風電設備等新興產業領域的產品也出現產能過剩，大型鍛件也存在著產能過剩的隱憂。產能過剩已經越來越成為中國經濟運行中的突出矛盾和諸多問題的根源。調結構的重點則是化解產能過剩，二〇一二年中央經濟工作會議指出，把化解產能過剩矛盾作為調整產業結構的工作重點。

沒有完成的雙重任務：
政府轉型與市場建設

　　中國的改革充分調動了各種積極因素，使生產要素在市場引導下得以充分結合和不斷優化配置，充分發揮了中國勞動力資源豐富的優勢，充分發揮了沿海地區的區位優勢，以及充分利用海外資本以彌補國內資本不足和技術落後，使得中國經濟總量實現了空前的發展。應該說，沒有改革開放打破單一公有制和計劃經濟體制，就不可能有中國經濟連續三十多年的高速發展和人均收入由一百多美元達到今天的六千美元，成為世界第二大

▲ 二〇一四年四月三日，北京市西城區黨政考察團到河北廊坊進行座談交流，與廊坊市官員就各自區域經濟發展現狀及優勢產業項目進行洽談，推進產業結構升級轉型合作等。

經濟體。中國作為一個世界上最大的發展中國家，在以工業化、市場化、城鎮化為標誌的經濟現代化過程中歷盡艱難曲折，終於懂得了必須依靠市場調節和政府調控的「雙輪驅動」，明白了政府與市場的各自職能和邊界並不是固定不變的，而是因時、因地、因事而隨時調整的，從而可以避免經濟發展過程中的「市場失靈」和「政府失靈」。

首先，就經濟發展模式來說，中國必須對傳統工業化或現代化的目標價值進行重新審視。近一個半世紀來，中國現代化道路，先後雖然經歷「西方自由資本主義」「國家資本主義」「傳統社會主義」與「市場社會主義」等四次經濟發展模式的選擇和實踐，但始終都以學習西方、追趕西方的傳統工業化為核心概念與實踐邏輯；然而，經濟的快速發展和諸多經濟社會問題的出現，深刻地影響到人類當代及其後代的幸福生活，人們便不禁重新拷問以傳統工業化為核心的經濟發展目標價值。歷史似乎向人們昭示：中國的現代化既不能繞過工業化階段，又必須避免走傳統工業化的老路；而社會經濟發展中的各種問題，既要通過加快發展逐步解決，又不能消極等待發展來解決。因此，中國的現代化發展必須充分考慮人、自然、社會的協調發展，走「綠色」與「和諧發展」的生態現代化之路。

其次，就經濟社會發展中政府與市場的經濟職能而言，政府的宏觀調控與市場經濟調節均是現代經濟發展的必須。新中國六十多年來，經歷了由一隻政府「看得見的手」到政府與市場「雙管齊下」，由集中資源配置、實行計劃經濟到「兩隻手」相互配合的社會主義市場經濟。二十世紀八〇年以來，在世界範圍內，一方面，計劃經濟的破滅和出於對政府過度干預的擔憂導致市場「迷信」盛行，以「新自由主義」為代表的許多學者大力呼籲讓政府回歸到古典主義的「守夜人」角色中來；另一方面，「市

▲ 北京市懷柔區加強生態文明建設，努力打造優美的生態環境。

場失靈」特別是二〇〇八年的世界金融危機，又使人們對政府經濟職能寄予厚望。政府與市場的關係就彷彿蹺蹺板的兩頭，要麼此上彼下，要麼此下彼上，難以協調和平衡，至今仍然是一個沒有解決的難題。但是，正如市場失靈並不必然導致政府過度干預，同樣政府失靈也並非必然要求構建不受干預的市場。實際上，政府經濟職能絕不是要不要權力或其大小的問題，也不是簡單的職能強化或弱化的問題，而是政府與市場職能如何正確分工、各就其位、準確定位和相互配合的問題，關鍵是政府管理職能既不「缺位」也不「越位」，而應是全面落實「到位」的問題。

第三，克服「政府失靈」，關鍵在於政治民主與科學決策。歷史告訴我們，實現政府職能和發展方式轉變，建立生態文明和「和諧社會」，需要全體人民的共同努力。在市場經濟條件下，「市場失靈」要求政府干預，而政府干預時又同時面臨「政府失靈」的危險，實際上，就世界範圍來說，無論是發達國家還是發展中國家，都遇到過雙重「失靈」的問題。按照西方經濟學的觀點，「政府失靈」的主要原因有三：一、決策信息不完全和不及時；二、政府機構和官員的自利動機；三、難以預期的企業和居民對政府計劃的反應。對此，信息化大大降低了民眾廣泛參與政府經濟決策的成本，提高了及時性，同時民眾的意見得到尊重就會與政府政策保持一致，民眾充分參與並發表意見，政府官員手中的公共權力和私立動機也能得到了較好的監督和有力制約。這些恰恰是中國協商民主政治的內涵所在，也是決策科學化的基礎性條件，因而也是克服政府與市場雙重「失靈」的關鍵因素。中國之所以實行「社會主義市場經濟」，就是要用社會主義的「人民當家作主」性質來克服市場和政府的雙重「失靈」問題。二〇一三年十二屆人大一次會議通過的國務院機構改革和職能轉變方案提出

的「必須堅持人民主體地位，最廣泛地動員和組織人民依法管理國家事務和社會事務」，即反映了這個思想。

就現實來說，從一九七八年改革開放算起，中國的市場化改革已經歷了三十五個年頭，社會主義市場經濟體制框架已經基本建立起來，但是從政府與市場關係的處理來看，任務仍然沒有完成。一方面，政府經濟職能轉變還沒有實現，越位、缺位、錯位問題很多，在消除市場失靈的宏觀經濟調控方面還存在很多問題，中央政府與地方政府的關係還沒有完全理順。中央政府的宏觀調控問題，轉移支付的有效使用問題，地方政府的財權與事權不一致問題，國企的壟斷問題。另一方面，市場建設還任重道遠，市場誠信失範、秩序混亂、不公平競爭、價格扭曲等市場不成熟的表現隨處可見。對企業違法行為有效監管和消除負外部性的能力還很弱。主要是市場監管問題，企業的外部性（尤其是環境）、社會責任，政府的監管不到位。因此，加快政府經濟職能轉變，進一步優化政府與市場關係，促進經濟發展模式實現實質性轉變，已經成為當前國家經濟社會發展戰略的必然選擇。

二〇一二年中共十八大報告中提出：「深化改革是加快轉變經濟發展方式的關鍵。經濟體制改革的核心問題是處理好政府和市場的關係，必須更加尊重市場規律，更好發揮政府作用。」二〇一二年十一月二十一日，李克強在國務院召開的全國綜合配套改革試點工作座談會上也強調指出「改革是中國最大的紅利」。二〇一三年七月二十三日，習近平在湖北省武漢市主持召開部分省市負責人座談會強調，必須以更大的政治勇氣和智慧，不失時機深化重要領域改革，攻克體制機制上的頑瘴痼疾，突破利益固化的藩籬，進一步解放和發展社會生產力，進一步激發和凝聚社會創造力。

改革再出發：二〇一三年的新部署

　　三十五年來，中國共產黨以巨大的政治勇氣，銳意推進經濟體制改革，不斷擴大開放，決心之大、變革之深、影響之廣前所未有。

　　隨著中國工業化、市場化、城市化、國際化、民主化的推進，經濟體制也必須與時俱進，不斷調整和改革，以適應發展的需要。如前所述，中國的發展成就很大，但是發展中遇到的困難和問題也不少。正如習近平在《關於〈中共中央關於全面深化改革若干重大問題的決定〉的說明》中所說：「當前，國內外環境都在發生極為廣泛而深刻的變化，我國發展面臨一系列突出矛盾和挑戰，前進道路上還有不少困難和問題。比如：發展中

▲ 二〇一四年，建設中的遼寧大連市金普新區，它將引領遼寧省沿海經濟帶加速發展。

不平衡、不協調、不可持續問題依然突出，科技創新能力不強，產業結構不合理，發展方式依然粗放，城鄉區域發展差距和居民收入分配差距依然較大，社會矛盾明顯增多，教育、就業、社會保障、醫療、住房、生態環境、食品藥品安全、安全生產、社會治安、執法司法等關係群眾切身利益的問題較多，部分群眾生活困難，形式主義、官僚主義、享樂主義和奢靡之風問題突出，一些領域消極腐敗現象易發多發，反腐敗鬥爭形勢依然嚴峻，等等。解決這些問題，關鍵在於深化改革。」

面對新形勢、新任務，中國必須通過全面深化改革，著力解決發展面臨的一系列突出矛盾和問題，不斷推進中國特色社會主義制度自我完善和發展。二〇一三年四月二十日，中共中央發出《關於對黨的十八屆三中全會研究全面深化改革問題徵求意見的通知》。各地區、各部門一致認為，中共十八屆三中全會重點研究全面深化改革問題，順應了廣大黨員、幹部、群眾的願望，抓住了全社會最關心的問題，普遍表示贊成。

《中共中央關於全面深化改革若干重大問題的決定》（以下簡稱《決定》）就是在這個背景下形成的。中共中央在起草《決定》時，突出了五個方面的考慮：一是適應中共和國家事業發展新要求，落實十八大提出的全面深化改革開放的戰略任務。二是以改革為主線，突出全面深化改革新舉措，一般性舉措不寫，重複性舉措不寫，純屬發展性舉措不寫。三是抓住重點，圍繞解決好人民群眾反映強烈的問題，回應人民群眾呼聲和期待，突出重要領域和關鍵環節，突出經濟體制改革牽引作用。四是堅持積極穩妥，設計改革措施膽子要大、步子要穩。五是時間設計到二〇二〇年，按這個時間段提出改革任務，到二〇二〇年在重要領域和關鍵環節改革上取得決定性成果。由此可以看出，《決定》謀劃了未來中國改革和制

▲ 二〇一三年十一月，中共十八屆三中全會《中共中央關於全面深化改革若干重大問題的決定》指出，要加快構建新型農業經營體系，賦予農民更多財產權利，推進城鄉要素平等交換和公共資源均衡配置。

度建設的走向和目標，是指引未來中國改革的綱領性文獻。

二〇一三年十一月中共十八屆三中全會通過的《決定》，合理布局了全面深化改革的戰略重點、優先順序、主攻方向、工作機制、推進方式和時間表、路線圖，形成了改革理論和政策的一系列新的重大突破，是全面深化改革的又一次總部署、總動員。

《決定》以中國當前亟待解決的重大問題為提領，按條條謀篇布局。除引言和結束語外，共十六個部分，分三大板塊。第一部分構成第一板塊，是總論，主要闡述全面深化改革的重大意義、指導思想、總體思路。第二至第十五部分構成第二板塊，是分論，主要從經濟、政治、文化、社會、生態文明、國防和軍隊六個方面，具體部署全面深化改革的主要任務

▲ 二〇一三年十一月發布的《中共中央關於全面深化改革若干重大問題的決定》用單獨的一部分對深化財稅體制改革作出部署，提出「改進預算管理制度」。

和重大舉措。第十六部分構成第三板塊，講組織領導，主要闡述加強和改善中國共產黨對全面深化改革的領導。

關於改革的總目標，《決定》提出：「全面深化改革的總目標是完善和發展中國特色社會主義制度，推進國家治理體系和治理能力現代化。必須更加注重改革的系統性、整體性、協同性，加快發展社會主義市場經濟、民主政治、先進文化、和諧社會、生態文明，讓一切勞動、知識、技術、管理、資本的活力競相迸發，讓一切創造社會財富的源泉充分湧流，讓發展成果更多更公平惠及全體人民。」

《決定》指出：「全面深化改革，必須立足於我國長期處於社會主義初級階段這個最大實際，堅持發展仍是解決我國所有問題的關鍵這個重大戰略判斷，以經濟建設為中心，發揮經濟體制改革牽引作用，推動生產關係同生產力、上層建築同經濟基礎相適應，推動經濟社會持續健康發展。」關於經濟、政治、文化、社會、生態文明、國防和軍隊、中國共產黨的建設等方面改革的關係，《決定》提出：「經濟體制改革是全面深化改革的重點，核心問題是處理好政府和市場的關係，使市場在資源配置中起決定性作用和更好發揮政府作用。」

關於改革的方法，《決定》提出：「最重要的是，堅持黨的領導，貫徹黨的基本路線，不走封閉僵化的老路，不走改旗易幟的邪路，堅定走中國特色社會主義道路，始終確保改革正確方向；堅持解放思想、實事求是、與時俱進、求真務實，一切從實際出發，總結國內成功做法，借鑑國外有益經驗，勇於推進理論和實踐創新；堅持以人為本，尊重人民主體地位，發揮群眾首創精神，緊緊依靠人民推動改革，促進人的全面發展；堅持正確處理改革發展穩定關係，膽子要大、步子要穩，加強頂層設計和摸

著石頭過河相結合，整體推進和重點突破相促進，提高改革決策科學性，廣泛凝聚共識，形成改革合力。」

《決定》還制定了改革的時間表，並考慮到改革的循序漸進、統籌配套問題。一方面要求「到二〇二〇年，在重要領域和關鍵環節改革上取得決定性成果，完成本決定提出的改革任務，形成系統完備、科學規範、運行有效的制度體系，使各方面制度更加成熟更加定型。」另一方面，習近平在關於《決定》的說明中又強調：「我們講膽子要大、步子要穩，其中步子要穩就是要統籌考慮、全面論證、科學決策。經濟、政治、文化、社會、生態文明各領域改革和黨的建設改革緊密聯繫、相互交融，任何一個領域的改革都會牽動其他領域，同時也需要其他領域改革密切配合。如果各領域改革不配套，各方面改革措施相互牽扯，全面深化改革就很難推進下去，即使勉強推進，效果也會大打折扣。」

《決定》實施以來，到二〇一四年二月，中共中央成立了「中央全面深化改革領導小組及其辦公室」，設立了六個專項小組，明確了貫徹落實三中全會改革舉措分工方案，分解了三百三十六項任務，並確定了協調單位、牽頭單位、參加單位。這些機構已經開始緊鑼密鼓運轉。

為了進一步推進《決定》的貫徹落實，習近平在二〇一四年二月十七日指出：我們在學習宣傳全會精神上還要下細功夫、苦功夫、深功夫，夯實全面深化改革的思想認識基礎。在學習理解上，要防止一知半解、斷章取義、生搬硬套，要弄清楚整體政策安排與某一具體政策的關係、系統政策鏈條與某一政策環節的關係、政策頂層設計與政策分層對接的關係、政策統一性與政策差異性的關係、長期性政策與階段性政策的關係，既不能以局部代替整體、又不能以整體代替局部，既不能以靈活性損害原則性、

▲ 《中共中央關於全面深化改革若干重大問題的決定》提出要健全國家自然資源資產管理體制，劃定生態保護線。圖為工人正在處理福建一企業發生污染泄露的污水池。

又不能以原則性束縛靈活性。在貫徹落實上，要防止徒陳空文、等待觀望、急功近利，必須有時不我待的緊迫意識和夙夜在公的責任意識抓實、再抓實。改革是循序漸進的工作，既要敢於突破，又要一步一個腳印、穩紮穩打向前走，確保實現改革的目標任務。

　　總之，全面深化改革是為了優化中國發展的體制機制，實現國家治理體系和治理能力現代化，為中國的全面、可持續發展提供動力和保障。

▎中國經濟發展的機遇和有利條件

　　世界發展的大趨勢沒有變。和平、發展、合作仍是時代潮流，國際環境總體上有利於中國和平發展。這包括，第一，傳統大國與新興大國之間雖然存在矛盾，但雙方都正通過協商的方式來解決分歧；第二，新興國家之間更多的是合作，而非對抗；第三，雖然目前地區性衝突不斷（敘利亞問題等），恐怖主義等非傳統安全問題依然存在，但這些衝突僅是局部的，並未對整個世界安全形勢產生重要影響。和平發展的國際大趨勢對中國的順利發展有著重要作用。

▲ 二〇一四年全球服務外包大會於六月十四到十六日在青島舉行。包括美國、英國、德國、法國等二十多個國家和地區的代表參會，同時，微軟、IBM、畢馬威等世界五百強企業也均派代表參加。

雖然中美兩國之間的分歧有所擴大，但中美在國際及地區層面均存合作空間。在國際層面，中美在促進世界經濟復甦、應對全球氣候變化和非傳統安全等問題上存在合作空間；在地區層面，如朝鮮半島問題上的合作。雖然美國近期為朝鮮半島緊張局勢造勢，但美國也並不希望朝鮮局勢失控。不論是出於維護周邊局勢穩定，還是為經濟發展營造和平環境，中國不希望朝鮮局勢失控。因此，中美在維護朝鮮局勢方面有共同利益。同樣，在中國與其他周邊國家的局勢上，美國也與中國有著共同的立場。

其次，中國發展的潛力還是巨大的。首要的潛力是需求潛力，分為投資需求潛力和消費需求潛力。就投資需求潛力而言，主要指工業化、城鎮

▲ 二〇一四年四月，重慶市雲陽縣北部新區稻場村，即將竣工的「政府廉住房集中連片開發區」雛形已具。該項目作為政府實施「東進西擴」城鎮化戰略的一個有機組成部分，首先將解決低保人群的「安居」問題。

化合農業現代化的任務都沒有完成。2011 年中國城鎮化率超過 50%，是中華民族歷史上第一次出現的城鎮化進程標誌性節點。但是根據發達國家的經驗，城鎮化率到 70% 才能穩定下來。如果以一年城鎮化率提高 1 個百分點計算，那麼今後 20 年中國還處在工業化、城鎮化快速推進的過程中。每增加 1 個城市人口，平均起來需要的城市基礎設施投資就要 10 萬元，如果加上公共服務投資，需求量就更大。一年增加 1 個百分點就是 1300 萬人，就是 1.3 萬億元的城市基礎社會投資需求。所以，在城鎮化還沒有完成之前，城鎮化所帶來的需求將是支撐未來 20 年中國經濟平穩較快發展的最大潛力所在。

從消費潛力來看，2010 年中國的投資率創造了新紀錄，達到 48.6%；最終消費率下降到 47.4%，創造了歷史的最低點。投資率第一次高於最終消費率，在世界上也是絕無僅有的。居民消費率下降到 33.8%，意味著近一半的 GDP 用於擴大再生產，1／3 用於老百姓消費，這樣的結構扭曲不可能良性循環，必然帶來生產能力的嚴重過剩。所以轉變經濟發展方式的首要轉變就是調整需求結構，擴大消費。如果居民消費率大幅度提升，那麼未來二十年經濟就可以實現平穩較快增長。

另外，勞動力紅利仍然存在。目前中國農村人口 6.6 億，農業勞動力 2.8 億；中國耕地有 18 億畝，1 個勞動力只能種 6.4 畝，美國 1 人能種幾千畝地，歐洲 1 人能種幾百畝。現在中國農業機械化條件已經提高，特別是大田作物可以全過程機械化。如果這件事可以推動的話，那麼 2.8 億農業勞動力留 8000 萬人種地足夠了，還有 2 億人可以轉移出來，足以支持未來 20 年中國工業化、城鎮化對勞動力的需求。

中國發展的基本面沒有變。工業化、信息化、城鎮化、市場化、國際

化深入發展，內需潛力巨大，資金供給充裕，科教水平整體提升，勞動力素質提高，基礎設施日益完善，政府宏觀調控和駕馭重大挑戰的能力明顯增強，社會大局保持穩定。

挑戰前所未有，機遇也前所未有。機遇大於挑戰。綜合判斷國際國內形勢，中國發展仍處於可以大有作為的重要戰略機遇期。只有抓住眼前的重要戰略機遇期，搶占新的發展制高點，中國才可能在全球經濟版圖上巍然屹立，否則將再次拉大同世界先進水平的距離。

結語

　　一九七八年改革開放以來，中國經濟實現了長達三十五年的持續、快速增長，成為了世界經濟增長的引擎之一，在全球經濟中扮演日益重要的角色。中國在發展經濟和促進經濟多元化方面成就斐然，在減少貧困和改善人民生活水平方面也取得令世界矚目的成就。中國有著快速發展的市場容量和潛力巨大的發展空間。中國的大量進口使中國遍布全球的貿易夥伴紛紛受益，一些國家更是因此走出了經濟停滯的陰影。中國良好的投資環境，為各國投資者提供了創業的機遇，成為很多外商投資者的首選之地。中國出口的商品物美價廉，不僅滿足了進口國廣大消費者的需要，也有助於進口國抑制通貨膨脹，保持經濟的穩定。中國企業到海外投資增加了當地的財政收入，創造了就業機會，在促進當地的經濟發展中發揮了積極作用。總之，隨著中國經濟體規模的擴大，中國不僅已經成為世界經濟增長的發動機，更促進了世界貿易水平的提高，還為世界投資創造了機遇。

　　當前國際經濟復甦艱難，中國經濟在取得成績的同時，一些長期積累的矛盾凸顯，中國經濟發展已步入轉型期。中國經濟現在正處於增長速度換檔期，結構調整陣痛期，刺激政策消化期。中國政府將運用經濟運行合理區間和宏觀經濟政策框架的總體思路，在穩增長、保就業下限和防通脹

▲ 二〇〇五年四月二十二日,與博鰲亞洲論壇年會相「伴生」的「中國和平崛起與亞洲的新角色」圓桌會議開幕。

上限的合理區間內,堅持主線是轉變經濟發展方式,主動力是改革攻堅,著力點是調整經濟結構,以實現經濟長期持續健康發展。首先使經濟避免大的波動,保持平穩運行。二〇一二年,中國通過加強和改善宏觀調控,著力穩增長、調結構、抓改革、促民生來確保解決穩中求進,可以說,已取得經濟成效,二〇一二年 GDP 總量增長百分之七點八。二〇一三年中國經濟增長的預期目標是國內生產總值增長百分之七點五左右。同時,中國經濟結構矛盾凸顯,調結構是中國政府發展經濟面臨的主要問題。

目前中國經濟發展進入了轉型關鍵時期,其基本的經濟政策為:宏觀政策要穩,微觀政策要活,社會政策要托底。現在和今後一段時間裡面臨的主要問題:一、發展方式轉變(產業結構調整為主);二、政府職能轉變;三、城鎮化;四、防範金融風險;五、民生問題(就業和收入分配)。

中國的經濟不會崩潰,中國的現代化任務還沒有完成,中國需要做的

事情還很多，中國還依然走在建設一個「富強、民主、和諧」國家的道路上。秉承「與鄰為善、以鄰為伴」文化、追求「和諧萬邦」理念的中國，不僅現在不是、將來也不會是世界的威脅，而且會成為世界和平、發展與穩定不可缺少的重要力量。

二〇一二年十二月五日，中國國家主席習近平同在華工作的外國專家代表座談時提出：「我們的事業是同世界各國合作共贏的事業。國際社會日益成為一個你中有我、我中有你的命運共同體。面對世界經濟的複雜形勢和全球性問題，任何國家都不可能獨善其身、一枝獨秀，這就要求各國同舟共濟、和衷共濟，在追求本國利益時兼顧他國合理關切，在謀求本國發展中促進各國共同發展，建立更加平等均衡的新型全球夥伴關係，增進人類共同利益，共同建設一個更加美好的地球家園。」這些話代表了中國人民的心聲。

新社會主義研究叢刊 AA201003

當代中國經濟

作　　　者	武力、榮文麗
責任編輯	陳胤慧
版權策畫	李煥芹
發 行 人	陳滿銘
總 經 理	梁錦興
總 編 輯	陳滿銘
副總編輯	張晏瑞
編 輯 所	萬卷樓圖書股份有限公司
排　　　版	菩薩蠻數位文化有限公司
印　　　刷	維中科技有限公司
封面設計	菩薩蠻數位文化有限公司

出　　　版　昌明文化有限公司

桃園市龜山區中原街 32 號

電話　(02)23216565

發　　　行　萬卷樓圖書股份有限公司

臺北市羅斯福路二段 41 號 6 樓之 3

電話　(02)23216565

傳真　(02)23218698

電郵　SERVICE@WANJUAN.COM.TW

大陸經銷　廈門外圖臺灣書店有限公司

　　　電郵　JKB188@188.COM

ISBN 978-986-496-430-7

2019 年 3 月初版

定價：新臺幣 320 元

如何購買本書：

1. 轉帳購書，請透過以下帳戶

   合作金庫銀行　古亭分行

   戶名：萬卷樓圖書股份有限公司

   帳號：0877717092596

2. 網路購書，請透過萬卷樓網站

   網址　WWW.WANJUAN.COM.TW

大量購書，請直接聯繫我們，將有專人為您

服務。客服：(02)23216565　分機 610

如有缺頁、破損或裝訂錯誤，請寄回更換

版權所有·翻印必究

Copyright©2019 by WanJuanLou Books CO., Ltd.

All Right Reserved　　　　Printed in Taiwan

國家圖書館出版品預行編目資料

當代中國經濟 / 武力, 榮文麗著.-- 初版.--

桃園市 ： 昌明文化出版 ；臺北市：萬卷樓

發行, 2019.03

　冊 ；　　公分

ISBN 978-986-496-430-7(平裝)

1.經濟發展 2.中國

552.2　　　　　　　　　108003031